KB210153

**박정련**

서양음악 작곡과를 졸업하고 대학원에서 한국음악이론과 동양철학을 전공하였다. 인문학과 국악치유와의 융합연구를 위해 동양고대의 악론(樂論) 속에서 소리와 감정과의 관련성, 한국유학자의 음악론 등을 연구하였고, 나아가 동양 고대의 의서(醫書)와 접목하여 국악치유론에 대한 이론서를 출간하기도 하였다. 더불어 한국의 전통사상에도 관심을 가져 풍류도적 음악이 현대 한국음악인에게서 어떻게 발현되고 있는지도 연구하고 있다. 주요 저서로는 『동양사상을 기반한 국악치유와 풍류도 음악』, 『유학자의 마음으로 부르는 노래』, 『국역 악서고존』 등이 있다. 현재 국립경상대학교 음악교육과에 출강하고 있으며, 인문음악학연구실장으로 활동하고 있다.

치유인문컬렉션

04

# 감정조율을 위한 소리 이야기

Collectio Humanitatis pro Sanatione IV

ars

미다스북스

# 치유인문컬렉션 도서 목록

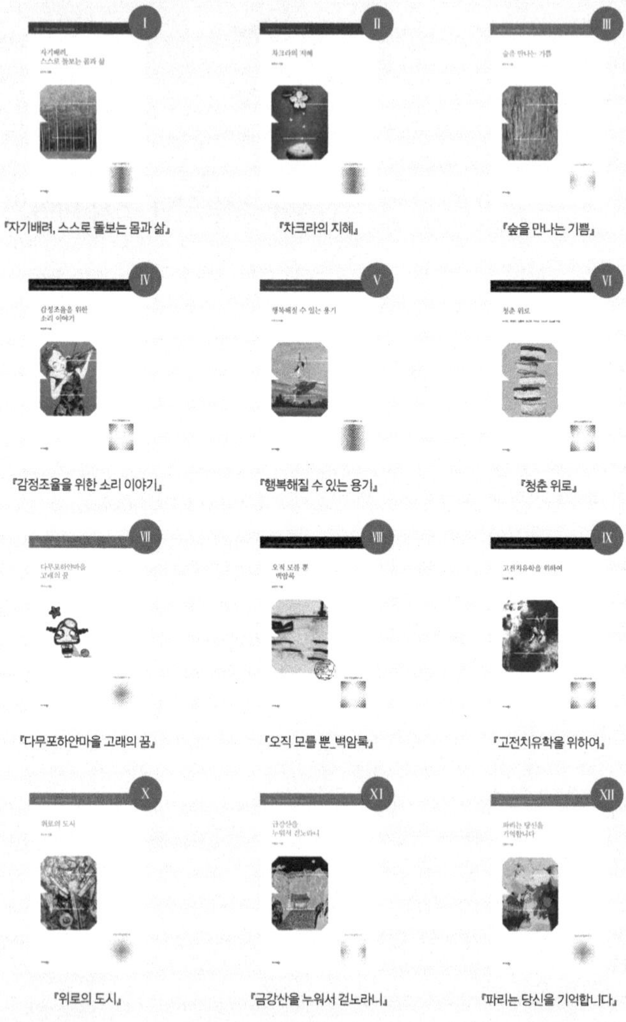

『자기배려, 스스로 돌보는 몸과 삶』
『차크라의 지혜』
『숲을 만나는 기쁨』
『감정조율을 위한 소리 이야기』
『행복해질 수 있는 용기』
『청춘 위로』
『다무포하얀마을 고래의 꿈』
『오직 모를 뿐_벽암록』
『고전치유학을 위하여』
『위로의 도시』
『금강산을 누워서 걷노라니』
『파리는 당신을 기억합니다』

* 콜렉티오 후마니타티스 프로 사나티오네(Collectio Humanitatis pro Sanatione)는 라틴어로 치유인문컬렉션이라는 뜻입니다. 세상의 상처를 치유하기 위해서는 인간이 만들어낸 모든 학문이 동원되어야 한다는 생각에서 출발합니다.

음악치유에서 치유를 위한 특별한 음악은 없다.
좋을 대로 하면 된다.

다만 어떤 소리를 좋아하는지
대상에 대한 관심과 사랑과 자비로운 마음으로
그의 곁에서 함께 웃어준다면 이것이 곧 치유이다.

사람의 감정에 맞는 음악으로 그 성정을 조절해 주며,
비로소 인간관계와 사회를 평화롭게 만드는 것이
음악이 존재하는 이유가 되는 것이다.

# 목차

치유인문컬렉션을 기획하면서

# 존재와 치유, 그리고 인문

## 존재

"나는 생각한다, 그러므로 존재한다."

어느 이름난 철학자가 제시한 명제다. 생각으로부터 존재하는 이유를 찾는다는 뜻이다. 나름 그럴듯한 말이지만 결국 이 말도 특정한 시기, 특정한 공간에서만 적절한 명제이지 않을까? 물론 지금도 그때의 연장이요, 이곳도 그 장소로부터 그리 멀지 않다는 점에서 그 말의 효능은 여전하다고 하겠다. 다만 존재 이전에 생각으로 존재를 규정하는 것이 가끔은 폭력이라는 생각도 든다. 나는 이렇게 실제 존재하고 있는데, 존재를 증명하기 위해 합리적이고 논리적인 설득을 선결해야 한다. 만일 존재를 설득해내지 못하면 나의 존재는 섬망(譫妄)에 불과할지도 모르다니! 그래서 나는 이 말의 논리가 조금 수정될 필요가 있다고 생각한다.

"나는 존재한다. 그러므로 존재한다."

존재 그 자체가 존재의 이유인 것이다. 누가 호명해주지 않아도 존재하는 모든 것은 나름의 이유가 있고, 존중받을 가치를 지니고 있다. 존재는 그 자체로 완전하며 누군가의 판단 대상이 아니다. 비교를 통해 우열의 대상이 되어도 안되고, 과부족(過不足)으로 초과니 결손으로 판단되어도 안된다. 또한 사람이든 동물이든, 식물이든, 벌레든 외형이 어떤가에 상관없이 세상에 나오는 그 순간부터 존재는 이뤄지고 완성되며 온전해진다. 존재는 태어나고 자라고 병들고 죽는다. 이 자체는 보편진리로되, 순간마다 선택할 문은 늘 존재한다. 그 문도 하나가 닫히면 다른 문이 열리니, 결국 문은 열려 있는 셈이다. 그 문을 지나 길을 걷다 보면 어느새 하나의 존재가 된다. 어쩌면 순간순간 선택할 때는 몰랐지만, 이것이 그의 운명이요, 존재의 결과일지도 모를 일이다. 그런 점에서 그의 선택은 그에게 가장 알맞은 것이었다. 존재는 그 자체로 아름답다.

그런 점에서 치유라는 개념은 소중하다. 치유는 주체의 존재에 대한 긍정을 바탕으로 자신을 스스로 조절해가는 자정 능력을 표현한다. 외부의 권위나 권력에 기대기보다는 원력(原力, 원래 가지고 있던 힘)에 의거해 현존이 지닌 결여나 상처나 과잉이나 숨가쁨을 보완하고 위로하며 절감하고 토닥여주는 것이다. 원력의 상황에 따라서 멈추거나 후퇴하거나 전진을 단방(單方)으로 제시하며, 나아가 근본적인 개선과 전변, 그리고 생성까지 전망한다. 간혹 '치유는 임시방편에 지나지 않은가' 하는 혐의를 부여하기도 한다. 맞는 지적이다. 심장에 병이 생겨 수술이 급한 사람에게 건네는 위로의 말은 정신적 안정을 부여할 뿐, 심장병을 없애지는 못한다. 그러나 병증의 치료에 근원적인 힘은 치료 가능에 대한 환자의 신뢰와 낫겠다는 의지에 있음을 많은 의료 기적들은 증언해주고 있다. 어쩌면 우리는 이 지점을 노리는지도 모르겠다.

구름에 덮인 산자락을 가만히 응시하는 산사람의 마음은 구름이 걷히고 나면 아름다운 산이 위용을 드러내리라는 믿음을 바탕으로 한다. 내보이지 않을 듯이 꼭꼭 감춘 마음을 드러내게 만드는 것은 관계에 대한 은근한 끈

기와 상대에 대한 진심이 아니던가! 치유는 상처받은 이(그것이 자신이든 타인이든)에 대한 진심과 인내와 신뢰를 보내는 지극히 인간적인 행위이다. 마치 세상의 모든 소리를 듣고 보겠다는 관세음보살의 자비로운 눈빛과 모든 이의 아픔을 보듬겠다며 두 팔을 수줍게 내려 안는 성모마리아의 자애로운 손짓과도 같다. 이쯤 되면 마치 신앙의 차원으로 신화(神化)되는 듯하여 못내 두려워지기도 한다. 그러나 치유의 본질이 그러한 것을 어쩌겠는가!

## 인문

우리는 다양한 학문에서 진행된 고민을 통해 치유를 시도하고자 한다. 흔히 인문 운운할 경우, 많은 경우 문학이나 역사나 철학 등등과 같은 특정 학문에 기대곤 한다. 이는 일부는 맞고 일부는 그렇지 않다. 세상은 크게 세 가지로 구성되어 있다. 여러분이 한번 허리를 곧게 세우고 서 보라. 위로는 하늘이 펼쳐져 있고, 아래로 땅이 떠받치고 있다. 그 사이에 '나'가 있다.

고개를 들어본 하늘은 해와 달이, 별들로 이뤄진 은하수가 시절마다 옮겨가며 아름답게 수놓고 있다. 이것을 하늘의 무늬, 천문(天文)이라고 부른다. 내가 딛고 선 땅은 산으로 오르락, 계곡으로 내리락, 뭍으로 탄탄하게, 바다나 강으로 출렁이며, 더러는 울창한 숲으로, 더러는 황막한 모래펄로 굴곡진 아름다움을 이루고 있다. 이것을 땅의 무늬, 지문(地文)이라고 부른다. 그들 사이에 '나'는 그 수만큼이나 다양한 말과 생각과 행위로 온갖 무늬를 이뤄내고 있다. 이것을 사람의 무늬, 인문(人文)으로 부른다.

인문은 인간이 만들어내는 모든 것을 가리킨다. 그 안에 시간의 역사나 사유의 결을 추적하는 이성도, 정서적 공감에 의지하여 문자든 소리든 몸짓으로 표현하는 문학 예술도, 주거 공간이 갖는 미적 디자인이나 건축도, 인간의 몸에 대한 유기적 이해나 공학적 접근도, 하다못해 기계나 디지털과 인간을 결합하려는 모색도 있다. 이렇게 인문을 정의하는 순간, 인간의 삶과 관련한 모든 노력을 진지하게 살필 수 있는 마음이 열린다. 다만 이 노력은 인간이 지닌 사람다움을 표현하고 찾아주며 실천한다는 전제하에서만 인문으로 인정될 수 있다. 이제 천지와 같이 세상의 창조와 진퇴에 참육(參毓)하는 나를, 있는 그대로 바라볼 때가 되었다.

## 餘滴

어데선가 조그마한 풀씨 하나가 날아왔다. 이름 모를 풀씨가 바윗그늘 아래 앉자 흙바람이 불었고, 곧 비가 내렸다. 제법 단단해진 흙이 햇빛을 받더니, 그 안에서 싹이 올라왔다. 그런데 싹이 나오는 듯 마는 듯하더니 어느새 작은 꽃을 피웠다. 다음 날, 다시 풀씨 하나가 어데선가 오더니만 그 곁에 앉았다. 이놈도 먼저 온 놈과 마찬가지로 싹을 틔우고 꽃을 피웠다. 그런데 이게 웬일인가! 그 주위로 이름 모를 풀씨들은 계속 날아와 앉더니 꽃을 피워댔다. 이들은 노란빛으로, 분홍빛으로, 보랏빛으로, 하얀빛으로, 혹은 홑색으로 혹은 알록달록하게 제빛을 갖추었다. 꽃 하나하나는 여려서 부러질 듯했는데, 밭을 이루자 뜻밖에 아름다운 꽃다지로 변했다. 생각지도 못한 일이었다!

이 컬렉션은 이름 모를 풀꽃들의 테피스트리다. 우리는 처음부터 정교하게 의도하지 않았다. 아주 우연히 시작되었고 진정 일이 흘러가는 대로 두었다. 필자가 쓰고 싶은 대로 쓰도록 했고, 주고 싶을 때 주도록 내버려 두었다. 글은 단숨에 읽을 분량만 제시했을 뿐, 그 어떤 원고 규정도 두지 않았다. 자유롭게 초원을 뛰어다닌 소가 만든 우유로 마음 착한 송아지를 만들어내듯이, 편안하게 쓰인 글이 읽는 이의 마음을 편안하게 할 것이라는 믿음 때문이었다. 우리는 읽는 이들이 이것을 통해 자신을 진지하게 성찰하고 새롭게 각성하기를 원하지 않는다. 그저 공감하며 고개를 주억거리면 그뿐이다. 읽는 분들이여, 읽다가 지루하면 책을 덮으시라. 하나의 도트는 점박이를 만들지만, 점박이 101마리는 멋진 달마시안의 세계를 만들 것이다. 우리는 그때까지 길을 걸어가려 한다. 같이 길을 가는 도반이 되어주시는 그 참마음에 느꺼운 인사를 드린다. 참, 고맙다!

2024년 입추를 지난 어느 날

치유인문컬렉션 기획위원회 드림

치유는 관심이다. 더불어 사랑이며 자비로움이다. 필자가 생각하기엔 음악치유에서 치유를 위한 특별한 음악은 없다. 좋을 대로 하면 된다. 즉 국악이 좋으면 국악으로, 서양 클래식이 좋으면 그것으로, 트롯이 좋으면 트롯으로, 종소리, 나무 소리, 노래소리가 좋으면 이걸로 족하다. 다만 어떤 소리를 좋아하는지 대상에 대한 관심과 사랑과 자비로운 마음으로 그의 곁에서 함께 웃어준다면 이것이 곧 치유이다.

누군가에게 도움이 되는 치유적 행위는 쉽잖다. 그 이전에 거창하거나 복잡하지 않다는 원칙을 세우고, 우선 스스로를 다독일 줄 아는 내성을 기르는 것이 필요하다. 다독임을 위해 소리가 필요할 때 종소리, 나무소리, 돌소리, 현악기 소리가 적용될 뿐이다. 누군가를 위하기

전에 소리를 통해 스스로를 다독일 줄 안다면 스스로의 감정을 조율할 수 있다. 이것이 이 책의 목적이다.

자신을 치유하라!

그런 다음, 균여(均如)의 사랑과 자비의 마음으로 상대방과 대중을 이해하고 그들이 원하는 대로 따르면 된다. 즉 쉽고 가까운 것에서 출발하여 지나친 기쁨과 분노, 슬픔과 두려움의 감정에서 조율해 갈 수 있도록 관심을 가지고 지켜보는 것이다.

거제 박정련

머리말

# 감정을 어루만지는 음악의 힘

국악 치유론은 인간 감정과 국악과의 연관성을 밝혀 아프고 힘든 이들에게 마음의 위로와 건강한 몸, 정서적 즐거움을 주기 위한 치유 이론의 지침이다. 치유이므로 의학적 이해가 필요하기에, 우리에게 오랫동안 영향을 끼쳐왔던 의학서를 참고하여 감정과 몸, 그리고 음악과의 상관관계를 파악할 수밖에 없으며, 이를 나름 짜임새 있게 만들어 이론 한 줄기를 설정하려는 것이다.

강한 기질을 가진 사람과 부드러운 기질을 가진 사람, 흥분 잘하는 사람과 늘 힘없이 가라앉아 침체되어 있는 사람에 따라 어떻게 대응하며 인간관계를 맺어야 하는지 동양 고대의 악론에서는 잘 안내하고 있다. 사람이 살아가는 환경과 상황, 문화가 시대마다 다를지라도 인간이 느끼는 감정의 패턴은 비슷하며, 심지어는 동서양인이라

할지라도 서로의 정서적 교감이 이루어지기도 한다.

동양의 오래된 음악 심리에 관한 이론서인 『예기(禮記)』의 「악기(樂記)」에서는 인간에게 음악이 왜 필요한지 잘 설명하는 대목이 있다. 이는 동서고금을 막론하고 모두 고개를 끄덕일만한 내용이라 여겨진다. 「악기」의 〈악본(樂本)〉에서는 다음과 같은 내용이 담겨있다.

"사람이 때 묻지 않게 하늘의 성품을 가지고 태어났으나, 사물(事物)을 지각하게 되면서 좋고 싫음이 나타나게 된다. 좋고 싫음이 마음속에서 절제됨이 없고, 지각이 외물에 끌려 다니며 본연의 자신으로 돌아가지 못한다면 비로소 하늘의 성품이 사라지게 된다. 그 결과 외물과 사람이 끊임없이 접촉하면서 사람은 외물에 동화되어 결국 욕망대로 살게 된다."

인간의 욕심으로 빚어지는 개인적, 사회적 병리 현상들은 고대사회나 현대사회나 그 실상이 크게 다르지 않다. 인간으로서의 개인적 양심이 가려지면서 부도덕성을 합리화하고 스스로 혼란에 빠지게 된다. 즉, 힘세다고 약한 사람을 위협하고, 무리를 이루어 소수의 사람에게 횡포를 부리며, 꾀를 부려 어수룩한 사람에게 사기 치고, 작은 일에도 감정조절이 되지 않아 칼부림까지 일으키고, 병든 사람이 치료를 받지 못하며, 노인이나 어린아이, 고아와 자식이 없는 사람이 어디에서도 보호 받지 못하는 등 사회적으로 큰 혼란이 일어난다. 이런 이유로 사람의 감정에 맞는 음악으로 그 성정을 조절해 주며, 비로소 인간관계와 사회를 평화롭게 만드는 것이 음악이 존재하는 이유가 되는 것이다.

고대의 악론에서 밝히듯 음악과 인간의 감정 상태는 상보적 기능을 하므로 조절되지 않는 감정이나 여기서 비롯되는 신체적 병리 현상, 나아가 인간관계, 사회적 혼란도 현대에선 음악을 통한 치유적 개념으로 접근이 가능해진다. 고대로부터 내려와 현재까지도 한의학에 큰 영향을 끼진 『황제내경(皇帝內徑)』에는 오행(五行)과 오장(五臟), 오행감정(五行感情)과의 연관성에서 치유적 개념에 대한 논리가 명확하게 드러난다고 볼 수 있다.

"하늘에는 사시(四時)와 오행(五行)이 있어서 생장수장(生長收藏)하고, 한서조습풍(寒暑燥濕風)을 만듭니다. 사람은 오장(五藏)이 있어서 오기(五氣)를 화(化)하여 희노비우공(喜怒悲憂恐)을 만듭니다. 그러므로 희노(喜怒)는 기(氣)를 상하게 하고, 한서(寒暑)는 형(形)을 상하게 합니다. 갑작스럽게 분노하면 음(陰)을 상하게 하고, 갑작스럽게 기뻐하면 양(陽)을 상하게 합니다. 한쪽으로 치우친 기(厥氣)가 위로 올라가면 맥이 가득차고 형(形)을 떠나버립니다. 희노(喜怒)의 감정을 절제하지 못하고 한서(寒暑)가 지나치면 생명이 견고해지지 못합니다."(『黃帝內經素問』 <陰陽應象大論篇> 중에서)

인간 생명의 견고함! 오늘날 의미로 해석해 보자면 인간이 건강하게 살기 위해 『황제내경』에서는 오행과 오장, '희노비우공(喜怒悲憂恐)'과 같은 오행감정이 하나의 유기체로 연결되어 있음을 알려준다. 이는 오행의 상생 · 상극의 관계가 오장, 오행감정의 상생 · 상극으로까지 확대 적용될 수 있음이다. 그래서 오행의 상생 관계가 목→화→토→금→수→(목)일 때 오장의 상생관계는 간→심장→비 · 위장→폐→신장→(간)의 운행이며, 오행감정은 분노함→기쁨→사려함(사고)→근심과 슬픔→두려움과 공포→(분노함)의 관계로 설정될 수 있다. 상생 관계에 있어서의 원리는 무엇일까? 그것은 음(陰)은 양(陽)이 되고, 양은 음이 되는 순환구조를 가지는 것이며, 중첩된 음(重陰)은 반드시 양이 되고, 중첩된 양(重陽)은 반드시 음이 되는 논리적 이론을 가진다.

또한 오행의 상극 관계가 목→토→수→화→금→(목)의 운행구조일 때, 오장의 상극 관계는 간→비 · 위장→신장→심장→폐→(간)의 구조이며, 오행감정의 상극 관계는 분노함→사려함(사고)→두려움과 공포→기쁨→근심과 슬픔→(분노함)의 관계 구조가 이루어진다. 물론 이 구조가 불변의 법칙은 아니며 현대에선 비과학적 논리라 하겠지만, 동아시아의 오랜 역사 속에서 이루어진 선현들의 세계관과 가치관에 대한 존중으로 충분히 여길 만하다. 어디에서 시작한들 하나의 유기체적 관계라는 관점으로 바라본 이러한 안목은 현대과학과 의학에서도 중요하게 바라보는 관점이다.

오행의 상생과 상극 관계는 오행 감정의 조절과 변화를 위한 국악 치유론의 중요한 근간으로 삼을 수 있다. 상생, 상극론에 의한 오행 감정의 조절과 건강한 신체로의 변화는, 문제가 되는 병리적 감정을 있는 그대로 수용하고 이를 표출하도록 유도하면서 자연스럽게 조절하고 제어하는 방법이다. 또한 두드러지게 표출되는 감정은 조금씩 줄여주고, 정체된 감정은 자연스럽게 표출하도록 유도하면서 긍정적 변화로의 전이를 시도하는 방법이기도 하다. 이러한 감정의 조절은 신체의 오장(五臟)으로

까지 연결되어 건강한 신체를 유지하는데 도움이 되거나 치유하는 방법으로까지 확대된다. 그래서 감정에 적합한 국악곡을 기악, 성악, 연주 방법 등으로 적절하게 설정하여 그 감정을 분출할 수 있는 통로로 제공할 수 있을 것이다.

# 1장

# 국악을 통한 치유

Collectio Humanitatis pro Sanatione IV

ars

1.

## 지나친 기쁨을 조율하다

인간은 늘 기쁘고 즐거운 감정을 가지며 인생을 살고 싶어 한다. 그래서 취미생활도 하고, 마음 맞는 사람과 느긋한 만남을 가지기도 하고, 쇼핑도 하고, 여행을 떠나기도 한다. 그런데 '늘 기쁘다'거나 '늘 즐겁게' 살기 원하지만, 늘 이같이 살 수는 없다. 기쁨도, 즐거움도 적절할 때 그 가치가 있다. 그렇다면 과연 기쁜 감정과 즐거운 감정을 가진다는 것은 어떤 상태를 말하는 것일까? 기쁜 것이 즐거운 것이고, 즐거운 것이 곧 기쁜 감정이라고 헷갈릴 수 있는 현대인에게는 엄연히 두 용어가 존재하는 이상 이 두 감정의 변별이 필요하다.

'기쁜 마음(喜心)'은 한순간, 일시적인 기쁨(一時之悅)으로, 우연히 좋은 일을 만났을 때 가지는 기쁜 감정일 때를 말한다. 즉 원하는 학교에 합격했거나, 원하는 직장에 취직

이 되었거나, 승진을 하거나 뜻밖의 좋은 선물을 받았거나, 복권에 당첨되는 등등 평상시에 일어나지 않고 한순간 발생된 기쁨의 들뜬 감정이다. 이에 반해 '즐거운 마음(樂心)'은 오랫동안 지속되는 기쁨의 감정 상태(長久之歡)를 말한다. 예로부터 우리 선현들은 즐거운 마음을 유지하기 위해 음악을 향유하거나 정신활동을 해왔다. 그래서 기쁠 때 나는 소리와 즐거울 때 나는 소리도 다르게 표현된다.

동아시아의 고대 음악 심리학서라 말할 수 있는『예기(禮記)』「악기(樂記)」에는 소리(聲)와 음(音)과 악(樂)이 인간 개인의 감정과 타인과의 관계, 공동체에 끼치는 영향이 어떠한지 매우 디테일하게 언급하고 있다. 이 음악심리학서는 대대로 우리 선현들의 학문, 정신세계에도 깊은 영향을 주었을 뿐만 아니라, 현재에도 과학적으로 입증되고 있는 내용들이 많다.「악기」에서는 즐거운 마음일 때 나는 소리와 기쁜 마음일 때 나는 소리를 다르게 전한다.

즐거운 마음일 때 나는 소리는 '탄완(嘽緩)'하다고 하였는데, 이를 두고 후한의 정현은 '탄(嘽)'이라는 것은 여유롭고 느긋한 모습이라고 주석하였고, 원나라 진호는 남김없이 터져 나오는 것이 '탄'이고, '완(緩)'은 완만하고 다급하지 않아서 사람이 원하는 바를 얻을 때 나는 소리라고 해석하였다. 이는 사람이 심리적으로 편안하고 만족할 때 나는 소리로 이해해 볼 수 있을 것이다.

그렇다면 기쁜 마음일 때 나는 소리는 어떨까? 「악기」에서는 퍼지고(發) 흩어지는(散) 소리라고 전한다. 여기에 정현은 퍼진다는 것은 하늘을 향해 솟구쳐 오르듯 피어오르는 것(揚)이고, 진호는 생겨나는(生)데 끝이 없는 것이 '발(發)'이고, 베풀되 쌓아두지 않는 것이 '산(散)'이라 하여, 순한 마음을 가지면 이런 소리가 난다는 것이다. 그러니 일시적인 기쁨의 감정일 때에는 평상시와 달리 갑자기 상기되어 가벼운 소리가 난다면, 즐거운 감정일 때에는 일시적이거나 갑자기 변하는 감정이 아니므로 완만하고 느긋하며 부드러운 소리가 난다는 것을 알 수 있다.

기쁜 감정이 발산하여 그 소리(聲)가 더해져 만들어진 음(音), 즉 선율 또는 가락에 대해서 「악기」 〈악언〉에서는 '멋대로 흐르고, 어그러져 흩어지고, 그 절주가 아주 빠르고 어지러운 음이 일어나는 것은 사람이 음란하다는 것이다.'라고 전한다. 즉 퍼지고 흩어지는 소리를 지닌 기쁨의 감정이 선율로 드러날 때에는 화려한 음으로 분포되어 있고, 대체적으로 높은 음고(音高)를 지니며, 아주 빠른 템포(tempo)의 음악을 이룬다고 볼 수 있다. 또한 이런 음악을 접하는 사람의 정서는 상기(上氣)되고 산만하다.

이렇듯 감정은 소리와 관련이 있고, 소리를 매개로 하는 국악은 감정의 발로체이다. 나아가 국악 치유라는 것은 국악과 인간 감정과의 연관성뿐만 아니라 의학적 접근이 필요한 영역이므로 오랜 기간 동안 이땅에 살았던 사람들이 노래하고 연주하면서 그 감정을 표현한 국악과, 사람들이 인식한 의학적 이해와 그 융합이 어떻게 상관관계가 있는지 살피는 것은 무척 흥미로운 일이 될 것이다. 중국뿐만 아니라 우리에게도 초창기 의학서로서의 지침이 된 고대『황제내경(黃帝內經)』에 대한 이해가 불가피한데, 여기에는 인간의 기쁜 감정이 심장과 관련되어 있다고 기록되어 있다.

특히 음양오행 관계를 중요한 근간으로 하는 동아시아의 의학관에서 '기쁨'이라는 감정은 타오르는 불(火)처럼 양(陽)중에서도 양의 기세(陽中之陽)를 지녔는데 이는 양의 기세에서 그 정점에 기쁜 감정이 있음을 뜻한다. 마치 솟아오르는 불길이 사방으로 분열하여 발산하는 기세를 지닌 상태를 말한다. '기쁨'의 감정은 이렇듯 그 기운이 사방과 하늘로 퍼져나가는 것으로 음기의 속박에서 벗어나

가장 멀리 뻗어져 나간 감정 상태이다.

그런데 『황제내경소문(黃帝內經素問)』에는 기뻐하면 기(氣)가 이완된다고도 전한다. 그 이유는 사람이 기뻐하게 되면 기가 어우러져 뜻하는 바가 잘 드러나고, 영화로움을 지키고 소통하여 이롭게 된다는 것이다. 이 말은 무슨 뜻일까? 즉 긴장감이 없게 되므로 그 기가 이완된다는 의미이다. 이 내용에 대해 명나라 명의 장개빈(張介賓, 1563~1640)은 기쁨이 심하면 기가 너무 늘어져서 점차 흩뿌려져 흩어진다고 하였다. 더불어 『황제내경영추(黃帝內經靈樞)』에서는 기쁨의 감정과 관련된 심장의 기능에 대해서도 설명하고 있는데, 심장의 기능이 저하되면(虛) 슬픔의 감정이 찾아오고, 심장의 기능이 실(實)하면 웃음이 그치지 않는다고 하였다. 여기에는 허와 실의 상태에 따라 '화(火)'에 배속된 감정표출이 다르다는 것을 알 수 있다.

여기서 잠깐 '실'하다는 것과 '허'하다는 것이 어떻게 구별되는지 언급할 필요가 있을 것 같다. '실'함과 '허'함은 변증(辨證)의 여덟 가지 강령(八綱)에 속한다. 우선 '실하다'는 것은 사기(邪氣)가 왕성해진 것이며, '허하다'는 것과는 상반된 개념이다. 이는 사기(邪氣)가 왕성하지만 정기(正氣)가 아주 없어지거나 쇠한 상태는 아니라는 말이다. 그런데 이와 달리 '허하다'라는 것은 정기가 부족하거나 허약해진 것으로 '실'과 상반되는 개념이다. 그러므로 심장 장애의 상태에 따라 때로는 슬픔의 감정이 찾아오기도 하고, 때로는 웃음이 그치지 않는 이유가 여기에 있다.

기쁨은 즐거울 때 나타나는 보편적인 감정이다. 따라서 기쁨의 감정이 적절할 때에는 심장에 장애를 일으키지 않지만, 기쁨의 감정이 지나치면 심장을 상하게 한다. 그런데 이때 두려움의 감정이 와 닿으면 기쁜 감정을 누그러뜨린다고도 전한다. 이는 오행의 상생과 상극의 원리가 감정의 원리에도 적용될 수 있는 단서가 된다.

## 지나친 기쁨의 감정을 조율하는 국악 치유 방법

갑작스러운 기쁜 소식에 주체할 수 없는 기쁨의 감정이 몰려와 어찌할 바를 모를 때, 이럴 때일수록 흥분을 자제하고 조심해야 한다고 어른들은 타이른다. 기쁨에 기쁨을 더하되, 그 경계를 명확히 그어주는 가르침은 늘 공식처럼 예외가 없는 듯하다. 기쁨의 지나침에 넋을 놓으면 순식간에 일어나는 불구덩이에 갇히게 될 상황을 미리 일러주는 경험적 지혜일 것이다. 이러한 가르침은 흥분될 때 침착하게 대응하라는 수기(水氣)적 가르침으로도 해석해 볼 수 있다.

심장에 무리가 올 만큼 기쁜 감정에 치우친 사람은 그 기(氣)가 사방으로 흩어져 쉽게 진정이 되지 않는다. 어떻게 조율할 수 있을까? 오행의 원리 중 상극 관계로 접근해보면 화기(火氣)를 제어하는 수기(水氣)의 원리를 활용하는 방법이 있다.

수기는 응축력(凝縮力)의 기세를 가지고 있으므로 흥분을 가라앉히는 침착함과 휴식을 주도한다. 이를 바탕으로 한 수기 음악의 특징은 반듯하여 비뚤어지지 않는 소리를 가졌다는 것을 「악기」와 『황제내경』에서의 정보를 통해 알 수 있다. 음악적으로 해석해 본다면, 수기의 음악은 화려한 꾸밈음이나 장식음 등이 없거나 적으며, 항상 제 음고의 소리를 있는 그대로 자연스럽게 낸다는 의미가 된다. 그래서 화기의 흥분을 잠재울 수기의 음악은 잡음이 없거나 적어서 청량하며, 장식음이나 꾸밈음이 적은 것을 특징으로 할 수 있다. 마치 존경하는 대상을 위해 장중하고 정성스러움을 표현하는 음악처럼.

수기적 특성을 지닌 악기 소리를 구체적으로 제시해 본다면, 대나무로 만든 관악기의 소리에서 그 실체를 찾아볼 수 있겠다. 「악기」에서는 이렇게 전한다. '죽성(竹聲)은 거머쥐는데, 거머쥐어서 모으고, 모아서 무리를 일군다.' 이 내용을 어떻게 이해하면 좋을까? 수기의 기세가 응축력이므로 「악기」에서는 이를 거머쥐어서 모으고 또 무리를 일으킨다는 것으로 이해해 볼 수 있다. 관악기는 둘러싸인 몸체의 공간에 호흡을 통해 소리가 나오므로 소리가 모이는 것이며, 이는 마치 무리를 일구어 소리가 난다는 의미로 해석해 볼 수 있겠다. 그러므로 대나무로 만든 관악기 소리는 수기의 특성을 담고 있다.

죽성의 국악기로는 대표적으로 대금과 소금, 피리, 단소, 통소 등이 있다. 이 악기들의 음역대가 다양하지만,

국악 치유를 위한 수기적 특성을 표현하기 위해서는 현란한 기교나 빠른 템포의 음악이 아닌, 휴식처럼 여유로우며 단순한 음 조직과 높지 않은 음역대의 선율로 구성하는 것이 적절할 것이다. 예를 든다면, 대금산조나 피리산조의 진양조, 중모리 정도의 빠르기가 적당하며, 현대에서 활발하고 다양하게 만들어지는 국악 창작곡 중에서도 조용하고 장중하면서 여유로운 분위기를 느낄 수 있는 목관악기 연주가 수기 음악으로 적당할 것이다.

지금까지 기쁜 감정을 차분하게 가라앉히는 방법인 오행의 상극의 원리로 수기 음악을 적용한 것은 기쁜 감정이라는 것이 불꽃과 같이 좀처럼 제어하기 어려워 실수를 초래하거나 제 몸과 마음을 상하게 하는 경우가 많기 때문이다. 그렇다면 기쁜데도 기쁜 감정을 표현하지 못하거나 기쁨을 느끼지 못하는 경우에는 어떻게 조율하여 적절하게 표현할 수 있도록 유도할 수 있을까? 그 방법도 생각해 보지 않을 수 없다.

기쁨의 감정은 기운이 밖으로 퍼져나가 분열하는 기세를 가지고 있지만 그 감정을 느끼지 못하거나 부족할 때에는 기쁨의 감정을 가지도록 북돋아서 흥기 시켜야 한다. 『예기』「악기」에서는 '고성(鼓聲)과 비성(鼙聲)은 소리가 떠들썩하여 들뜨게 하는 소리여서 마음을 들썩이게 하고, 들썩여서 무리를 나아가게 한다.'고 기록되어 있다. 그래서 기쁨의 감정은 국악기 중에서 북과 같은 타악기의 소리로 표현할 수 있으며, 이러한 소리 들은 기쁨의 감정을 일깨우고 북돋우는 역할을 한다. 고성과 비성과 같은 북소리의 특성과 유사하다.

고성은 큰 몸체를 가진 북이고, 비성은 작은 몸체의 북인데, 가죽을 씌운 타악기로서 다양한 국악기가 있다. 그 중에서도 가장 대중화된 타악기는 장구와 북, 소고가 있으며, 그 외에도 건고(建鼓), 진고(晉鼓), 용고(龍鼓), 좌고(座鼓) 등이 있다. 북소리는 떠들썩하여 기분을 들뜨게 하는 소리이므로 사람의 감정을 흥분시키는 운동성을 가진다. 그러므로 고성과 비성은 흥(興)과 생동감을 느끼게 하고 가라앉은 기분을 들뜨게 하여 생기를 부여한다. 심장 질환으로 그 기능이 쇠약해져 기분이 침체되고 우울하고 슬픔을 느낄 때 북소리의 리듬이 지닌 율동성은  기분을 생동감 있게 전환시키는 데 도움이 된다.

2.

# 거친 분노를 다스리다

사람의 감정 중에서 가장 절제하기 어려운 감정이 분노이다. 현대에서 일어나는 수많은 범죄와 사고들의 시초는 이 분노의 감정을 조절하지 못한 데에서 비롯된 결과들이 많다. 층간소음으로 일어난 범죄도 처음에는 소음에서 출발했지만 이를 대하는 태도와 거친 말이 오가면서 분노가 치밀어 올라 칼부림까지 나는 경우가 그러하다. 데이트폭력도 그렇고 보복 운전도 마찬가지이다.

『예기정의(禮記正義)』에서 당나라 공영달(孔穎達, 574~648)은 분노의 감정(怒心)에서 나오는 소리를 언급하고 있다. 그 소리는 거칠고(粗) 사나우며(厲), 갑자기 나쁜 일을 만났을 때 생기는 감정이 분노라고 전한다. 거칠고 사나운 소리가 다소 추상적이긴 하지만 그 용어의 의미를 세밀히 살펴보면 이러하다. 거친 소리는 다듬지 않고 크고 굵게 질러내는 소리를 말하고, 사나운 소리는 높고, 빠르며, 치솟아 오르고, 맹렬한 기세로 벋어나가는 소리이다.

이렇듯 분노로 인해 발현되는 거칠고 사나운 소리는 맹렬히 시작하여 차츰차츰 크고 격렬한 소리로 마무리하는 광분(廣賁)의 음을 형성한다. 이 음은 사람을 강하고 굳세게 만들기도 한다. 「악기」에서는 '광분의 음'을 소개하면서 흐름의 중간에 사(絲), 죽(竹), 포(匏), 토(土), 혁(革), 목(木)의 음(音)이 기운차게 떨쳐 일어난다고 하였다. 이는 중간 부분으로 갈수록 관악기, 현악기, 타악기가 합주하며 클라이맥스(climax)를 이루어 그 용출의 기세가 극도에 이름을 표현한 것으로 보인다.

의학적으로 살펴보자. 『황제내경소문』의 「음양응상대론(陰陽應象大論)」에서는 분노의 감정은 나무(木)의 성질을 닮았고, 사람의 오장 중 간(肝)에 해당 되는데 분노가 심하면 간을 상하게 한다고 전한다. 특히 흥미로운 것은 분노를 잠재우는 방법으로 슬픈 감정의 투입을 언급하고 있어 오행의 상극원리가 적용되는 셈이다.

분노의 감정이 오행 중 목(木)과 관련되는 것은 나무의 기세가 음(陰)중에 있긴 하지만 차츰 음기의 껍질을 깨고

양(陽)의 위치로 용출하는 성질(陰中之陽)을 지녔기 때문이다. 그래서 분노 또한 억눌림과 속박에서 폭발적으로 벗어나려는 상태인 것이다. 즉 목의 기운이 어떠한 속박에서 벗어나 하늘로 향해 힘껏 뻗어나가듯이, 분노도 음기의 속박에서 벗어나 급속히 용출하는 감정을 말한다. 이러한 특성의 이면은 변화의 시작을 일으키는 원인이 되기도 하면서 모든 생명현상의 활동을 활발하게 일으키는 시발점으로도 이해할 수 있다.

더불어 분노는 간의 기운을 솟구치게 한다. 분노할 때 간기(肝氣)의 승발(升發)작용을 왕성하게 해서 오히려 간기를 더욱 과대하게 일으키게 하여 다른 장기를 억누르거나 타고 올라 어그러뜨리기도 한다. 『황제내경소문』의 「음양응상대론」에는 분노가 오행 중 '목(木)'에 배속된 감정이면서 한편으로는 정기가 간에 치우치면 근심(憂)하게 된다고 하는데 그것은 허(虛)해서 서로 치우친 상태라고 하였다. 이는 간의 기운이 허하여서 분명히 분노해야 하는 상황임에도 분노하지 못할 때, 오히려 근심에 사로잡히게 된다는 의미이다. 『황제내경영추』에서 간의 기운이 허하게 되면 두려워하고, 실하면 분노한다는 문장에서도 확인이 되듯 이 또한 간의 기운이 허하거나 실하거나에 따라 드러나는 감정도 다르다는 것을 알 수 있다.

그렇기에 '분노하면 간기(肝氣)가 타 오른다.'라거나, '분노는 간을 손상시킨다.'라거나, 혹은 '간맥(肝脈)이 아주 급하면 악언(惡言)을 한다.'와 같은 경우는 간기가 실할 때 나타나는 분노의 감정이거나 그에 따른 악언이나 행동이 발현되는 경우이다. 그러나 '정기가 간에 합병되면 근심하게 된다.'는 것은 간기가 허할 때 나타나는 감정 상태이다.

## 분노의 감정을 조율하는 국악치유 방법

교통량이 많은 곳에서 접촉 사고가 났을 때 두 사내가 얼굴을 붉히며 삿대질을 하고 고성을 지르는 장면을 간혹 보곤 한다. 고성이 오가며 멱살을 잡을 시점에, 한 부인이 조용하게 다가와 "어머니의 장례식에 급하게 가려다 사고가 났다."라고 말했을 때 잠시 침묵이 이루어지다 분노가 조금씩 사그라지는 경우가 있다. 물론 제일 좋은 일은 사고가 나지 말아야 하지만, 부득불 사고가 났을 때 모친상을 당한 상대방을 향해 무작정 분노의 감정을 표출할 수 없는 상황을 맞이하게 된다. 대체적으로 감정의 변화는 여실히 드러난다. 이는 분노의 감정에 대한 상극관계가 일상에 자연스럽게 투영되는 현장의 모습이다.

이와 관련하여 분노의 감정을 금(金)의 슬픈 감정 이입이라는 오행의 상극원리로 조율한다면 이때 국악 치유는 어떻게 접근해 볼 수 있을까? 우선 분노의 감정을 지닌 사람에게 금기(金氣)의 음악을 제공하는 이유는 금기가 수용과 평정을 주도하고, 슬픔과 같은 애잔한 감정을 불러일으키는 특징을 지니고 있기 때문이다. 「악기」〈위문후(魏文候)〉에서는 '사성(絲聲)은 슬프니 슬프면 청렴한 마음을 일으킨다.'고 하여, 현악기가 전형적인 금기의 특성을 지녔음을 발견할 수 있다. 금기(金氣)의 음은 소리가 맑고, 그러면서도 안으로 스며드는 듯하며, 중간 중간 쉼이 있고, 은은한 단선율의 음을 특징으로 한다. 그러므로 현악기로 연주하는 음악이 분노의 감정을 가라앉히는 데 적절하다는 것이다.

원나라 진호(陳澔)는 '제멋대로 행하며 방탕하게 나대는 사람이 슬픈 감정을 느끼게 되면 반드시 애달파하여 마음을 추슬러서 모질게 만들고, 그로부터 방정(方正)함을 갖게 하고, 방정하면 의지가 욕망에 이끌리지 않는다.'라고 한 것은 위로 나아가고자 하는 목의 용출력을 금기의 음악을 통해 스스로를 단단하고 반듯하고 바르게 조절할 수 있다는 내용이다.

금기의 특성을 지닌 국악기의 대표적 현악기는 가야금, 거문고, 아쟁, 해금 등이 있다. 이러한 현악기들의 독주곡 중에서도 애잔하고 마음을 차분히 가라앉힐 수 있는 계면조(界面調)의 악곡과, 빠르지 않는 '중모리장단'이나 '중중모리장단', 혹은 '느린 자진모리장단' 정도의 템포 음악이 적절하며, 또는 현악기 소리가 강조되는 시나위 연주는 망자에 대한 애잔함과 숙연함, 그리고 수용과 평정함을 유도하는 금기적 특성을 지닌 음악으로 훌륭하다고 여겨진다. 그러므로 분노가 지나쳐서 조절되지 못하는 사람에게는 금기가 지닌 슬픔과 애잔한 감정을 가지게 함으로써 분노의 감정을 가라앉히는 데 도움이 된다.

지금까지는 오행의 상극의 원리로서 분노를 가라앉히기 위해 금기의 음악을 제공하여 조율했다면, 간기의 허함으로 인해 근심과 걱정이 앞서 자신의 의지를 제대로 표명하지 못하는 경우가 있을 수 있다. 이러한 사람은 특히 현대 사회인으로서 살아가는데 큰 어려움이 생길 수밖에 없다. 사건을 두고 적절한 용단을 내리고, 자신의 의견을 자연스럽게 표명하며, 나아가 사람들을 잘 이끌어 목표한 바를 성취하는 리더로서의 자질은 목기가 가진 용출력이 용단과 용기로 드러난 경우라 할 수 있다. 그러므로 목기의 허함에서 나타나는 근심과 걱정이 앞서는 사람에게 간기를 회복할 뿐만 용출력의 에너지를 가지는데 도움이 되는 국악 치유법이 무엇이 있는지 살펴볼 필요가 있겠다.

목의 성질은 용출하거나 속박에서 벗어나고자 하는 성질인데, 지나치면 분노의 감정으로 표출된다. 「악기」에서

'종소리는 호령을 일으키고, 호령은 충만함을 세우고, 충만하면 무용(武勇)을 세운다'고 하였다. 여기서 호령은 왕성한 에너지가 충만한 것으로, 용기와 담력을 유발하는 종소리가 목의 용출력의 기세와 유사함을 발견하게 된다. 더불어 종성은 뭉쳐있던 기를 흩트리고, 갈수록 기가 일어나 충만해진다는 명말의 학자 왕부지(王夫之, 1619~1692)의 해석처럼 활력을 불러일으키는 소리임에는 틀림없다. 그러므로 종이나 금속성을 띠는 국악기인 꽹과리, 징, 운라, 양금, 태평소 등을 통해 근심과 걱정이 앞서서 쉽게 용기를 내지 못하는 사람에게 적절한 도움이 되는 음악적 기회를 제공할 수 있을 것이다.

종성을 통해 용기와 담력을 지니는데 도움이 되는 음악적 특징은 갇혀있는 에너지를 밖으로 표출하도록 유도하는 것이 중요하므로 봄의 생기처럼 활발하고 흥기 시킬 수 있는 빠르기, 상향 진행의 음계, 차츰차츰 커지는 사운드, 자잘한 리듬 사용, 다른 악기들과의 융합을 통한 풍성한 화음 등으로 표현할 수 있다. 그러므로 느린 장단보다는 '자진모리장단', '세마치장단' '굿거리장단', '휘모리장단', '엇모리장단' 등 몸을 가볍게 움직일 수 있어 생동감을 느낄 수 있는 템포가 적당하며, 선율을 연주하거나 감상할 경우에는 계면조보다는 평조 음계의 음악이 적절할 것으로 보인다.

3.

## 깊은 근심과 슬픔에서 벗어나다

'근심(憂)'과 '슬픔(悲)'은 그 정서적 변화가 다를 수 있지만, 인체의 생리활동에 대한 영향은 기본적으로 한 가지라고 본다. 『황제내경소문』에서는 근심이 깊고 많으면 폐(肺)를 상하게 한다거나, 정기가 폐에 치우치면 슬퍼한다고 된 내용에서도 알 수 있다. 「악기」에서는 사람이 근심과 슬픔에 사로잡혀 있을 때 '초조하고(噍) 쇠약(殺)한 소리가 난다'고 하였는데, 여기에 대해 정현은 두려움으로 인해 극도로 몸을 사리고 아주 조심스러워 하는 것이 초조함이며, 공영달은 불안하여 조급해지는 상태라고 『예기정의』에서 설명하였다. 그래서 근심과 슬픔의 감정에서 나는 초조하고 쇠약한 소리는 바짝 메말라서 윤기라고는 찾아볼 수 없고, 갈수록 그 소리가 줄어들어 윤택하고 풍성하지 못한 소리라고 진호는 설명한다. 더불어 왕부지도 초조하고 쇠약한 소리는 조급하고 차츰차츰 약해져서 계속 이어나가지 못하는 소리라고 하였다. 이러한 내용들은 사람이 근심스럽고 깊은 슬픔에 빠져있을 때 현재 우리 또한 감지할 수 있는 소리의 특성이기에 이들의 설명에 충분히 공감하게 된다.

「악기」 〈악언〉에서는 사람이 서글프고 시름겨울 때 '섬세하고 미묘하며, 불안하고 초조하여 쇠약해지는 음이 만들어진다.'라고 전한다. 더불어 「악기」 〈위문후〉에서는 현악기 소리(絲聲)를 설명하면서 애잔한 감정을 불러일으키는 소리라고 하지만, 오히려 마음을 추스르게 하고, 감정을 깨끗하게 정리하도록 이끌어 주며 다시 도약할 수 있는 의지를 가지는데 도움을 준다고 하였다.

근심과 슬픔에서 나오는 소리와 음이 이와 같다면 사람의 근심과 슬픔이 지속될 때 몸은 어떤 영향을 받을까? 『황제내경소문』에서는 근심과 슬픔의 감정은 오행 중 금(金)에 배속된 감정이며, 폐(肺)와 관련되어 있고, 폐에 장애가 생겼을 때 기쁜 감정의 이입으로 근심과 슬픔을 극복하는 데 도움을 준다고 기록되어 있다.

오행 중 '금(金)'의 기세는 양기의 극심한 분열 중에서 일어난 음기가 수렴 해가는 기세(陽中至陰)를 띠고 있다. 한마

디로 정리하면 '수렴력(收斂力)'을 그 세력으로 본다. 오행의 상생 관계에서 '목(木)'에서 '화(火)'로 가는 과정이 정기(精氣)를 소모시켜 밖으로부터 에너지를 받아들이는 과정이라면, '토(土)'는 밖에서 받아들인 에너지를 가공 처리하여 다시 정기로 저장하기 위한 기운을 만들어 비축하는 과정이다. 이러한 간, 심장, 비장의 과정을 거쳐 생성된 기운을 속으로 잘 갈무리하는 과정을 폐가 주관하므로, 폐 또한 '양중지음'의 기세를 지녔다고 『황제내경소문』에서 언급하고 있다.

폐는 모든 기(氣)를 주관하고 호흡을 다스리므로, 숨 멎으면 죽음에 이르게 하는 결정적 장기이다. 폐에서 흡입한 청기(淸氣)와 비장에서 운화(運化)한 음식의 영양분이 결합하여 원기(元氣)로 만들어지며, 이 원기는 생명을 유지하는데 없어서는 안 될 물질적 기초가 된다. 그래서 모든 기(氣)는 폐에 속한다. 폐의 정상적 기능이 금기의 수렴력과 그 작용을 같이 한다면, 모든 것을 수용하고 평안하게 하며 고요한 상태로 이르게 한다고 볼 수 있다. 더불어 인간에게 있어 근심과 슬픔의 감정도 적절할 때 정상적인 감정 상태라 할 수 있으며, 나아가 스스로 마음을 추슬러 다시 새로운 의지를 가질 수 있는 생기의 원천을 제공한다고도 볼 수 있다. 다만 치우치거나 과한 상태가 자신뿐만 아니라 타인, 사회에 문제를 일으킨다고 보는 것이다.

## 근심과 슬픔의 감정을 조율하는 국악 치유 방법



금기(金氣)의 수렴력은 양기의 발산을 거두어들여 안으로 스며들게 하는 특성을 가지므로 수용(收容)과 평정(平靜)을 주도한다고도 볼 수 있다. 그래서 금기에 배속된 폐가 손상되거나 장애가 되었을 때 극심한 슬픔과 근심으로 드러나 일상생활에서 생기를 잃고 삶의 의욕마저 상실하여 자살이라는 극단적 선택까지 이르게 한다. 이는 근심과 슬픔의 감정에 빠져 침체되어 완전히 일어서지 못할 만큼 나락으로 떨어진 상황이지만 『황제내경소문』에서는 기쁜 감정의 이입으로 이를 극복할 수 있다고 전한다.

금기의 수용력과 평정함, 양기의 극심한 분열 중에서도 발생된 음기의 수렴적 기세는 현악기 소리에서도 비슷한 성질을 찾을 수 있다. 「악기」 〈위문후〉에서 '사성(絲聲)은 슬프니, 슬프면 청렴한 마음을 일으킨다.'고 하였고, 원나라 진호(陳澔)는 제멋대로 행동하고 방탕하게 사는 사람이 슬픈 감정을 느끼게 되면 반드시 애달파서 마음을 추스른다고도 전한다. 그래서 스스로 반듯하고 바르고자 하는 다짐을 하게 되고, 이는 욕망에 이끌리지 않는 의지를 가진 사람이 된다는 것이다. 그러므로 폐의 질병으로 인해 감정의 기복이 심하거나, 근심과 슬픔, 우울증에 걸려 침체되었을 때 현악기 소리는 차분함 속에서 마음을 추스르는데 도움이 되며, 나아가 스스로를 다잡고자 하는 의지가 생기도록 전이하는데 영향을 끼친다. 그러므로 국악기의 가야금, 거문고, 아쟁, 해금 등의 악곡들을 감상하면서 차분히 내면의 감정을 조절하도록 한다.

근심과 슬픔의 감정을 극복하기 위한 오행의 상극원리를 적용하는 방법도 있다. 즉 금기의 지나침에서 나타나는 근심과 슬픔의 감정은 이를 제어하거나 줄이는 화기(火氣)의 음악을 통해 감정의 변화를 도모하는 방법이 있다. 불의 기세는 사방으로 타오르며 분열하여 그 에너지를 발산하는 분열력이라 할 수 있다. 그러므로 화기를 음악적으로 표현한다면 화려한 음색과 빠른 템포, 자잘한 리듬과 다양한 악기의 음색과 풍부한 사운드를 표현하는 클라이맥스(climax)로 그 열정을 표현한 것이므로 침체된 기분을 흥기시키고 막힌 감정의 울결을 풀어주고 발산시키는 방법이다. 여기에는 국악에서 아주 빠른 장단에 속하는 '휘모리장단'이나 평조의 경쾌하고 밝은 음계를 지닌 음악이 적절하다.

또한 크고 작은 몸체를 지닌 북 종류는 떠들썩한 소리

를 내어서 마음을 들썩이게 하고, 몸을 율동적으로 움직이게 하는 타악기인데, 리듬 사용과 음색의 다양한 표현으로 재미와 즐거움을 경험하게 함으로써 스스로 감정을 변화시키는데 큰 도움이 될 수 있다. 타악기의 생동감 있는 다양한 리듬 틀을 통해 어떤 변화에도 적응하지 않고 단절하려는 근심과 우울의 상태에서 감정전이에 도움이 될 수 있다는 말이다.

4.

## 응축된 두려움과 공포를 풀다

동서양이건 사람이 사는 곳에는 두려움과 공포가 없을 수 없다. '호랑이에게 물려가도 정신만 차리면 살 수 있다.'는 한국 속담과 '사람이 소유한 감정 중에서 두려움만큼 판단력을 흐리게 하는 것은 없다.'는 17세기 프랑스 작가 레츠의 말은 두려움과 공포심이 인간의 정신활동을 통해 극복할 수 있는 감정임을 시사 한다. 이는 '용기가 생명을 위험한 지경으로 몰고 갈 수 있듯이, 공포심이 때로는 생명을 지켜줄 때도 있다.'는 레오나르도 다빈치의 말에서도 일관된 의미로 여겨진다.

『황제내경』에는 두려움과 공포심이 지나치면 신장(腎臟)을 상하게 하고, 그 반대로 정기가 신장에 치우치면 두려움을 느끼게 한다고 전한다. 그래서 신장에는 오행감정 중 두려움과 공포가 배속되어 있다. 더불어 신장은 수기

(水氣)와 관련되어 '음중지음(陰中至陰)'의 기세를 지녔다. '음중지음'은 수렴한 음기가 안으로 응축하는 기세를 띠어 응축력(凝縮力)을 그 세력이라 할 수 있으므로 발성을 함에 있어서도 깊은 곳으로 빠져들면서 잦아드는 특성을 띤다. 또한 응축력의 기세를 가진 수(水)와 관련된 신장은 폐의 작용을 거쳐 갈무리된 양기를 저장하기 위해 깊이 감추어져 있고 잘 망가지지 않는 튼튼한 창고가 필요하게 된다. 이처럼 튼튼한 창고의 역할을 하는 것이 뼛속 깊숙이 감추어져 있는 골수인 것이다. 그래서 신장은 골수를 추동(推動)시킨다고 설명하였다.

수기의 응축력이 부정적 감정으로 발현되는 경우는 두려움과 공포의 감정처럼 꼼짝없이 응축되어 붙들려 있는 성질로 나타난다. 이는 무섭고, 아주 조심스러워 몸가짐이나 언행을 언제나 조심하고, 마음을 조아릴 수밖에 없다. 어쩌면 현대의 가스라이팅(gaslighting)과 같은 행위처럼 타인에 대한 지배력을 강화하기 위해 통제하고 억압하는 현상에서 절대적이고 복종적인 경우도 여기에 해당된다고 볼 수 있다.

두려움과 공포는 그 기운이 가장 아래로 감추어 들어간 감정이므로 속에서 머무는 성격을 가진다. 두려움이 지나치면 음기(陰氣)를 써서 양기가 깨지게 되므로 신장이 손상을 받는다. 신장은 인체의 수기(水氣)를 주관하여 오장육부의 정기(精氣)를 갈무리하는데, 두려우면 간, 심장, 비장, 폐의 정기가 모두 신장으로 숨어들게 되므로 정기가 모두 물러가 기혈의 운행이 이루어지지 않게 된다. 이처럼 두려움의 감정이 깊어지면 자신도 모르게 헛말을 하고, 잘 놀라기도 하고 실없이 웃으며, 노래하기 좋아하고, 쉬지 않고 함부로 행동하는 광증(狂症)이 생길 수 있고, 근맥(筋脈)이 통하지 않아 몸의 한 부분에 운동기능의 장애가 발생한다고 『황제내경영추』에서 밝히고 있다.

무섭고 공포를 느끼는 감정은 늘 응축되어 기를 펴지 못하고, 어딘가에 숨으려고 한다. 그러면서도 감정 절제가 되지 않아 엉뚱하고 과격한 말을 하기도 하고, 실없이 웃기도 하며, 광폭한 행동을 보인다는 것이다. 이와 같이 두려움과 공포스러운 상태가 지나쳐 신장을 상하게 하여 심신을 힘들게 할 때, 차분히 정신을 차리고 이 상황에서 벗어나기 위해 생각하라는 내면의 깊은 소리를 들어야 한다. 이는 『황제내경소문』에서도 '생각하면(思) 두려움을 이긴다'고 한 것이다.

## 두려움과 공포를 조율하는 국악 치유 방법



두렵고 무서운 대상, 또는 경외감을 느낄 때에는 어떤 소리가 날까? 「악기」에서는 곧아서(直) 각이 진 듯이 반듯한 소리가 난다고 전한다. 절대적 힘을 가진 자에게 절대적 복종을 해야 하는 상황 하에서 자신의 소리는 흔들려서는 안된다. 그러므로 경외감을 느낄 때의 소리는 곧고[直] 반듯해야(廉) 하는데, 여기서 '직(直)'은 비뚤거리지 않아야 하며, '렴(廉)'은 각이 진 것처럼 반듯하다는 의미를 가진다. 왕부지도 이 소리는 분명하게 모가 진다는 뜻으로, 소리를 내는데 공손하고 삼가며 흔들림 없이 깔끔하여 감거나 에두름이 없는 소리라고 해석한 것으로 보면 딱딱하고 유연함이나 부드러움이 없는 소리로 이해할 수 있다.

공포와 두려움의 감정에 치우쳐 있을 때 국악 치유 방법은 상극의 원리에서 찾아볼 수 있다. 즉 수기(水氣)를 제어하는 토기(土氣)의 음악으로 그 감정을 줄여나가는 것이다. 토기(土氣)는 『황제내경소문』에서도 전하듯이 잘 판단하고 분별하며, 차분히 생각하면 두려움과 공포의 상황에서 벗어날 수 있는 에너지를 지녔다. 토기는 '음중지지

음'의 기세로 부드러우면서 포용력을 그 기세로 한다. 그래서 양화와 음화가 서로 어울리도록 조율하고 조화롭게 하므로 음양의 어느 한쪽으로 치우치지 않고 모두 포용하는 기운을 지닌 음악으로 탄생 된다. 어느 한쪽으로 치우치지 않는다는 것은 여러 가지를 생각하여[思] 분별하고 결정하여 판단하며, 어떻게 조절할 것인지 하는 인지적 능력이다.

「악기」에는 분별과 변별의 특성을 지닌 소리로 석성에 대해 다음과 같이 언급하고 있다. '석성(石聲)은 칭칭칭(磬) 울리고, 칭칭칭 울려서 변별을 세운다.' 돌소리는 종소리와 비교해 보면 그 울림이 아주 짧다. 그래서 소리가 들리고 들리지 않음을 분별할 뿐이다. 이것이 「악기」에서 언급하는 소리의 울림과 그침이 분명하여 변별의 기준으로 삼는다는 것이므로 토기의 변별과 분별의 기세와 연관된다.

신장의 장애와 수기의 실(實)함으로 오는 공포와 두려운 감정을 극복하기 위한 토기 음악의 특징은 아주 빠르지도 아주 느리지도 않는 템포가 적절하다. 즉 장단으로 보면 '중중모리장단', '자진모리장단'과 서로 어울리고 조화로운 음색과 다양한 음 구조로 구성된 음악이 좋겠다. 더불어 평화롭고 맑은 분위기를 지닌 음악을 선정하는 것도 도움이 될 것이다. 그러므로 토기적 특징을 가진 음악을 표현하기 위해 돌로 만든 실로폰처럼 새로운 악기를 개발하는 것도 필요하며, 감상을 위해서는 사람의 목소리를 통해 가사의 내용에서 포용력과 부드러운 감정을 가지도록 하는 것도 도움이 될 수 있다. 범패가 어렵다면 화청이나 독송 형식의 노래를 감상하면서 두려움과 공포의 대상으로부터 감정 승화의 단계로 나아가는데 도움이 될 것이다.

두려움과 공포의 상황을 오행의 상극원리를 통해 토기의 음악을 사용했다면, 수기의 응축력이 가지는 또 다른 포용과 융화, 조화로움은 긍정적 감정으로 전이하는데 활용될 수 있다. 수기의 응축력은 「악기」에서 응축하는 성격과 밀접하게 관련된 죽성, 즉 대나무로 만든 관악기를 통해 설명되어 진다. 죽성(竹聲)은 넘치고, 넘치는 것은 모으는 것을 세우고, 모으는 것은 무리를 모아 나아가게 하므로, 이는 대나무로 둘러싸인 몸체의 공간에 호흡의 통과로써 소리가 나오므로 흩어진 소리들이 집중되어 소리를 내는 것으로 이해할 수 있겠다.

그러므로 국악기에서 죽성은 대금류나 피리, 단소, 통소 등의 관악기를 통해 울결된 두려움과 공포스러운 감정을 달래고 이를 포용과 조화, 어울림, 통합, 부드러움을 표현할 수 있는 다양한 악곡들을 감상하는 것이 도움이 될 수 있다. 이렇게 관악기를 통해 현란한 기교나 빠른 템포의 음악보다는 정적으로 흐르는 느린 템포의 음악도 감정을 달래는데 도움이 될 수 있다. 그래서 현란한 기교나 화려한 음색을 드러내는 악곡보다는 전일하게 감정을 가다듬고 진정시키는 음악이 적절할 것으로 보인다.

# 2장

# 몸과 마음은 하나다

Collectio Humanitatis pro Sanatione IV

ars

1.

# 세상을 정화하는 대승의 노래

**승려 균여가 누구이며, 「보현십원가」의 성격은 무엇인가?**

『삼국유사』 「균여전」에 기록된 균여(均如, 923~973)의 삶은 탄생에서부터 인간적 연민을 가지게 한다. 한 쌍의 봉황새가 어머니의 품에 안기는 꿈을 꾸고 태어났지만, 얼마나 못생겼으면 부모에게 버려진 신세가 되었을까. 그러나 '정말로 못난 생김새 때문에 버려졌을까?' 하는 의아함도 생기지만, 여하튼 까마귀 두 마리가 날아와 날개로 죽지를 펼쳐 버려진 갓난아기 균여의 몸을 덮어 보호하였다 하고, 이 광경을 전해 들은 부모가 다시 거두어 길렀다고 전한다. 자라면서 어린아이 균여는 『화엄경』의 게송을 잘 읽었고, 아버지가 구수(口授)해준 것들조차 놓치지 않고 암송할 만큼 영민했던 것으로 보인다. 그러나 어려서 부모를 잃고, 청소년기(15세)에 부흥사(復興寺)에 들어가 행자 생활을 하였으며, 수행을 통해 덕행과 법력을 갖추어 국왕으로부터 총애도 받게 된다. 뿐만 아니라 수많은 제가의 문서들을 이해하기 쉽게 기석(記釋)으로 풀이하여 60여 권에 달하는 저술을 남기기도 하였다. 나아가 신라 시대에 융성했던 화엄 교학을 고려에 전승시켰고, 저술을 통해 우주의 모든 사물은 그 어느 하나라도 홀로 있거나 일어나는 일이 없이 모두가 끝없는 시간과 공간 속에서 서로의 원인이 된다고 하였다. 대립을 초월하여 하나로 융합하고 있다는 법계연기와 같은 화엄 사상과 선(禪) 사상을 회통 시킨 교선 융합 사상(敎禪融合思想)을 제시한 고승이기도 하다.

균여의 면모는 이렇듯 「균여전」을 통해 다방면으로 확인할 수 있는데, 특히 교육가, 예술가로서의 면모는 노래의 창작과 전파에서 단편적이나마 찾아볼 수 있다. 그는 세상을 교화하기 위해 대중이 노래하기 쉬운 언어로 가사화 하였고, 노래 속에 세상을 향한 자신의 믿음과 기원을 용해시켜 널리 부를 수 있도록 했다. 그 대표적 노래가 바로 「보현십원가」이다.

「보현십원가」는 『화엄경』 소재 「보현행원품」을 참고해서

만든 노래이다. 『화엄경』의 한역본(漢譯本)은 3종이 있는데, 주나라 본(周本) 『화엄경』 80권본과, 진나라 본(晉本) 『화엄경』 60권본, 정원본(貞元本) 『화엄경』 40권본이 있다. 이 중에서 정원본에만 보현보살(普賢菩薩)의 10가지 서원이 담겨 있는 「보현행원품」이 확인된다. 정원본에서 보현보살 10가지 서원은 ①〈예경제불(禮敬諸佛)〉 ②〈칭찬여래(稱讚如來)〉 ③〈광수공양(廣修供養)〉 ④〈참회업장(懺悔業障)〉 ⑤〈수희공덕(隨喜功德)〉 ⑥〈청전법륜(請轉法輪)〉 ⑦〈청불주세(請佛住世)〉 ⑧〈상수불학(常隨佛學)〉 ⑨〈항순중생(恒順衆生)〉 ⑩〈보개회향(普皆迴向)〉으로 구성되어 있다.

균여의 「보현십원가」는 정원본 『화엄경』 40권본에서 보현보살의 10가지 서원을 참고하여 만든 노래이기 때문에 악곡명이 비슷할 수밖에 없다. 그 구성곡은 ①〈예경제불가(禮敬諸佛歌)〉, ②〈칭찬여래가(稱讚如來歌)〉, ③〈광수공양가(廣修供養歌)〉, ④〈참회업장가(懺悔業障歌)〉, ⑤〈수희공덕가(隨喜功德歌)〉, ⑥〈청전법륜가(請轉法輪歌)〉, ⑦〈청불주세가(請佛住世歌)〉, ⑧〈상수불학가(常隨佛學歌)〉 ⑨〈항순중생가(恒順衆生歌)〉, ⑩〈보개회향가(普皆迴向歌)〉, ⑪〈총결무진가(總結無盡歌)〉이다.

『화엄경』 40권본 보현보살의 열 가지 서원이 균여의

「보현십원가」에는 〈총결무진가〉 한 곡이 더해져 11개의 노래로 이루어졌는데, 이는 각각이 보현행원을 실천하는 노래로서 여래 출현의 모습을 드러낸다. 그 구성 곡에서도 알 수 있듯이 「보현십원가」는 마지막 노래 〈총결무진가〉와 함께 보현보살의 10가지 서원을 참고하면서 한문이 아닌 향가 형식의 향찰로 노래했다는 것이 특징이기에 우리나라 국문학 연구에 있어서 매우 중요한 작품으로도 평가된다.

『화엄경』 40권본에서는 선재 동자가 문수보살을 비롯한 53선지식을 찾아다니다가 최후로 보현보살을 만나 가르침을 받는 대목이 「보현행원품」이다. 여기에는 보현보살이 부처의 공덕을 성취하려면 열 가지 넓고 큰 행원(行願)을 닦아야 한다고 역설하였다. 이 열 가지의 서원은 구도(求道)함에 있어 매우 중요한 단계가 되면서도 화엄사상의 요체가 된다. 그러기에 『화엄경』 「보현행원품」은 균여가 「보현십원가」를 창작하게 된 근원적 원인을 제공했을 뿐만 아니라, 균여에게 자신의 해탈과 중생을 구제하기 위한 대승(大乘)의 실천 요목이 될 수밖에 없었던 것이다.

**〈사료1-1〉 "보살들이 이 큰 서원(誓願)을 따라 나아가면 모든 중생을 성숙하고, 아뇩다라삼먁삼보리를 순종하고, 보현보**

**살의 수행과 원력 바다를 원만하게 이루리라."** (『화엄경』, 권40, <입불사의해탈경계보현행원품> 중에서)

**〈사료1-2〉 "선남자여, 저 중생들이 이 열 가지 원을 듣고 믿고 받아 가지고 읽고 외우며 남을 위하여 연설하면, 그 공덕은 부처님 세존을 제외하고는 알 사람이 없느니라. 그러므로 그대들은 이 원을 듣거든 의심을 내지 말고 자세히 받으며, 받고는 읽고, 읽고는 외우고, 외우고는 항상 지니며, 내지 쓰고 남에게 말하여 주라. 이런 사람들은 잠깐 동안에 모든 수행과 서원이 모두 성취되고, 얻는 복덕은 한량없고 끝이 없을 것이다. 번뇌와 큰 고통의 바다에서 중생들을 건져내고 깨달음의 경지에 이르며 아미타불의 극락세계에 가서 태어나게 되리라."** (『화엄경』, 권40, <입불사의해탈경계보현행원품> 중에서)

**〈사료1-3〉 "혹은 깊은 신심**(信心) **가진 사람이 있어 이 열 가지 서원을 받아 가지거나, 읽거나, 외우거나, 한 게송**(偈頌)**만이라도 베껴 쓰기만 하면, 다섯 가지 무간지옥에 떨어질 악업도 즉시 소멸되고, 이 세간에서 받은 몸과 마음의 병이나 여러 가지 시끄러움 내지 세계의 티끌 수 같은 모든 나쁜 업이 다 소멸될 것이다. 온갖 마군이나 야차나 나찰이나 구반다나 비사차나 부단나 따위 등 피를 마시고 살을 먹는 나쁜**

귀신들이 모두 멀리 떠나거나 혹은 좋은 마음을 내어 가까이 수호하리라. 그러므로 이 원을 외우는 사람은 어떠한 세간에 다니더라도 허공의 달이 구름에서 벗어나듯이 장애가 없을 것이며, 부처님과 보살들이 칭찬하고 모든 인간과 하늘이 모두 예경하고 중생들이 모두 공양할 것이니라."(『화엄경』, 권40, <입불사의해탈경계보현행원품> 중에서)

깨달음을 구하고 중생을 교화해야 하는 승려 균여는 『화엄경』에서 보현보살이 남긴 내용들이 자신에게 향한 메시지이면서 수행자로서의 책무라고 깨달았다. 큰 틀에서 보면 〈사료1-1〉과 〈사료1-2〉는 대승불교의 수행자인 보살(菩薩)이나, 불법에 귀의한 자신, 즉 선남자에게 향한 메시지이므로, 보현보살의 가르침을 온전히 자신의 수행과 서원의 과제로 받아 들어야 할 의무로 여겨졌을 것이다. 그 의무는 곧 보현의 열 가지 서원을 온전히 믿고 나아가는 것이며, 중생을 교화하고, 부처의 깨달음의 경지(아뇩다라삼먁삼보리)에 이르며, 보현보살의 수행과 서원을 원만하게 이루는 것이리라. 더불어 불법에 귀의한 자로서 보현보살의 열 가지 서원을 의심 없이 온전히 믿고, 이것을 읽고, 외우고, 항상 지니며, 타인에게 알림으로써 자신과 중생의 궁극적 해탈을 이루게 된다.

그런데 〈사료1-3〉은 보현보살이 향하는 대상이 훨씬 포괄적이고 대중적이다. 즉 '깊은 신심을 가진 모든 사람'이 해당 된다는 점이다. 일반 대중 또는 중생, 혹은 믿음을 가진 모든 것들이 보현의 열 가지 서원을 받아 가지거나, 읽거나, 외우거나, 한 구절이라도 베껴 쓰기만 하더라도 지옥에 떨어질 악업이 즉시 소멸되고, 몸과 마음의 병이 없어지며, 사악한 귀신들이 모두 떠나고, 혹은 수호신이 되어 자신을 보호해 준다. 그러므로 보현의 열 가지 서원을 외우는 모든 사람에게는 어떠한 장애도 없으며, 모든 것들로부터 칭찬과 존경을 받게 된다.

따라서 보현보살의 열 가지 수행과 서원은 균여에게 중생을 향한 자비와 교화의 책무를 구체적으로 제시한 기제임과 동시에, 대승(大乘)을 위해 대중들이 쉽게 배우고 기억할 수 있는 노래라는 표현 수단을 사용하게 한 원동력임을 이해하게 된다.

## 「보현십원가」에서 국악 치유의 근거가 무엇인가?



균여는 「보현십원가」를 창작하면서 서문에 노래를 만든 이유를 구체적으로 언급하였다. 여기에는 단편적이나마 균여의 국악치유론적 견해를 확인해 볼 수 있는 단서가 되기도 한다.

〈사료2-1〉 "무릇 '사뇌'(詞腦)라는 것은 세상 사람들이 놀고 즐기는 도구이고, 원왕(願王)은 보살 수행의 추요(樞要)이다. 그러므로 얕은 데를 건너야만 깊은 데로 돌아가고, 가까운 곳에서부터 먼 곳으로 이르게 된다. 세속의 도리에 의지하지 않고 (세상 사람들의)근본적인 어리석음을 이끌 방도가 없고, 통속적인 말(陋言)에 기인하지 않고서는 큰 인연의 길을 드러낼 수가 없다. 이제 알기 쉬운 가까운 일에 의탁하여 생각하기 어려운 깊은 종지(宗旨)를 돌이켜 이해하기 위해서 열 가지의 큰 소원의 글에 따라 열한수의 거친 노래를 지었다. 이는 여러 사람의 눈에는 지극히 부끄럽기는 하지만 여러 부처님의 마음에는 부합될 것이다. 비록 뜻을 잃고 말이 어긋나서 성현의 오묘한 뜻(妙趣)에는 부합하겠지만, 글을 전하고 글귀를 지어서 속인(俗人)들의 선근(善根)이 생겨나기만을 원하는 바이다. 즐겁게 암송하는 사람과는 송원(誦願)의 인연을 맺고, 헐

**뜨고자 하는 사람도 염원(念願)의 이익은 얻을 것이다. 엎드려 청하건대 훗날 군자가 만약 비방하거나 또는 찬양하더라도 여기에 관심갖지 않겠다.”** (『균여전』 제7, 「가행화세분」 중에서)

균여는 「보현십원가」 서문에서 사뇌가(詞腦歌)를 선택한 이유를 설명하고, 활용의 도구로 사용하는 그의 기원과 다짐을 드러내었다. 균여가 당시 대중들이 부르는 사뇌가를 선택한 이유는 간명하다. 즉, 즐거움을 표현하는 도구가 노래이기 때문이다. 가장 자연스럽고, 정직하며, 자유롭게 표현할 수 있는 감정 수단이 노래인데, 이는 마치 현대에서 대중들이 좋아하고 즐겁게 부르는 대중가요와 비슷하다고 생각해 볼 수 있다.

2.

# 사뇌가로 알아보는 치유의 근거

## 「보현십원가」에서 국악치유론의 근거

『균여전(均如傳)』은 『대화엄수좌원통양중대사균여전(大華嚴首座圓通兩重大師均如傳)』이라고도 하며, 고려전기학자 혁련정(赫連挺, ?~?)이 1075년에 승려 균여(均如, 923~973)의 행적을 모아서 저술한 일종의 전기(傳記)이다. 혁련정은 『균여전』 10권 중, 일곱 번째 권수에 있는 「가행화세분(歌行化世分)」에 균여가 보현보살(普賢菩薩, Samantabhadra)의 대원(大願), 즉 중생을 구제하려는 소망을 향가 형식을 빌려 향찰로 지은 「보현십원가(普賢十願歌)」 11수를 수록하였는데, 이는 『대방광불화엄경(大方廣佛華嚴經)』 40권 본의 「보현행원품(普賢行願品)」을 저본으로 하고 있다. 이 『화엄경』 40권 본에는 선재동자(善財童子)가 문수보살(文殊菩薩)을 비롯한 53선지식(善知識)을 찾아다니다가 가장 마지막에 만난 보현보살의 가르침을 받는 내용이 있는데, 보현보살이 부처의 공덕을 성취하려면 열 가지 넓고 큰 행원을 닦아야 한다고 역설한 부분이 있다. 즉 이 열 가지의 큰 소원을 균여의 스타일로 만든 노래가 「보현십원가」이다.

이 노래는 지금껏 음악적 범주에서의 연구보다는 문학적 영역에서 개괄적이고 세분화된 연구가 이루어져 왔지만, 음악적 영역에서 중요하게 검토하고 관심을 가져야 하는 것이 당연하다. 그 이유는 균여가 살았던 당시에 사람들과 즐겁게 부르는 노래(사뇌)의 형태가 「보현십원가」였으며, 나아가 이 노래에는 한국인의 정체성과 표현의 독창성이 용해되어 있어 현대에서도 그 가치를 재생산 해 볼 수 있는 근거가 될 수 있기 때문이다.

'가치의 재생산'이라는 측면에서 「보현십원가」를 현대의 국악 치유의 도구로 활용해 볼 수 있다. 이는 종교음악으로서의 특수성보다는, 국악의 한 갈래로서의 불교음악이 지향하는 정신과 그 속에 담긴 한국인의 정서를 이해하고 활용해 볼 수 있다는 점이다. 「보현십원가」가 실제로 치유의 도구로 사용되었음이 기록에도 전해지는데, 균여의 신이성(神異性)이 수반된 부분이라 하더라도, 그의 창작 의도와 노래 내면에서 치유성의 단면을 찾아볼 수 있다.

노래로 불려진 「보현십원가」에서 음악적 속성, 즉 멜로디나 음악적 특징은 알기가 어렵고, 사설 11수만 전해지고 있으므로 음악치유적 담론을 위해 논의할 수 있는 것은 사실상 「보현십원가」의 서문에서 균여의 창작 의도와 노래 내용에 용해된 균여의 음악 정신, 혹은 음악관이라 할 수 있겠다. 그러므로 이 글에서는 「보현십원가」 11수 중에서도 음악치유성을 이해해 볼 수 있는 내용, 즉 인간관계의 회복이라는 측면에서 3개의 노래를 선별하여 소개해 보려 한다.

## 가장 자연스럽고, 정직하며, 자유로운 노래, '사뇌가'

균여는 대중가요의 형식을 빌려 보현보살의 열 가지 행원을 담아 석가여래와의 인연을 맺도록 하였다. 이를 통해 사람들의 선한 마음의 뿌리(善根)가 생기고 자랄 수 있기를 간절히 기원했다. 그런데 균여는 이 기원의 노래가 누군가에게는 즐겁게 부르는 노래가 될 수 있지만, 다른 누군가는 이 노래를 비방할 수도 있다고 했다는 것이다. 그럼에도 불구하고, 노래에 담긴 염원의 내용을 알고 비방하고 비판하는 것이니 본인은 개의치 않겠다는 성직자의 의연함도 담겨있다.

「보현십원가」는 당시 많은 대중에게 인기 있는 노래로 불려졌다. 즉 담벼락에까지 노랫말을 쓰고 외우려고 한 사람들이 있었다는 데에서 이를 짐작하게 된다. 심지어는 의술로 고칠 수 없는 한 관리의 고질병을 균여가 직접 구술(口述)해 주고, 또 이 노래를 부르도록 하여 병을 낫게 했다는 내용도 『균여전』에 전해지고 있다. 더욱이 균여가 영통사 백운방(白雲房)이 아주 오래되어 무너져 수리를 하게 되자 재앙과 괴이한 변고가 일어나기도 했지만 노래 한 자락을 지어 벽에 붙였더니 귀신이 사라졌다는 기록도 있어, 그의 노래가 지닌 영험함이 드러난다.

## 「보현십원가」의 미스터리한 치유성, 그리고 국악 치유로서의 몇 가지 단서



「보현십원가」가 지닌 미스터리함은 현대에서 불교음악으로서의 국악치유 방법론으로 설정하기에는 사실 무리가 있을 수 있다. 즉 사람들을 논리적으로 어떻게 설득할 것인가의 문제가 생긴다는 점이다. 다만 음악과 인간 심신 치유와의 연관성은 현대과학에서도 무수히 증명되고 있는데, 특히 21세기에는 인간을 넘어 동물, 식물 등에도 육체적, 정서적, 생장 발달 등에 유의미한 영향을 끼친다는 연구결과들이 증명되고 있는 실정이다. 이 연구들은 음악치유 혹은 음악치료라는 범주에서 보편적으로 다루어지므로 그 연장선에서 「보현십원가」의 치유성을 해석해 볼 수는 있다.

더욱이 『화엄경』과 「보현십원가」 서문에서 노래의 치유성이 언급되고 있으므로 국악치유 설정을 위한 하나의 단서는 될 수 있다고 여겨진다. 그러므로 「보현십원가」가 인간에게 심리적 위안과 안정을 주며, 인간관계의 긍정적 개선에 도움을 줄 수 있으므로 이를 국악치유의 범주로 설정할 수는 있을 것이다.

「보현십원가」 서문은 국악치유의 설정을 위한 몇 가지의 단서를 제공하고 있다. 첫 번째 단서는 균여가 음악으로써 대중을 치유하려는 목적이 무엇인지 명확하게 언급하고 있다는 점이다. 이는 균여가 설정한 국악치유의 목적을 파악할 수 있는 내용이기도 하다. 두 번째 단서는 국악치유를 위한 다양한 음악(적) 도구 중에서 어떤 장르로 설정할 것인지 파악할 수 있는 것이고, 세 번째 단서는 음악 도구나 음악적 행위를 통해 어떻게 접근할 것인가 하는 방법론이 언급되어 있다는 점이다.

## 사람의 선근(善根)을 유발하는 노래



「보현십원가」 서문에서는 국악치유의 목적이 사람의 선근(善根)을 유발하는 것이라고 한다. 선근(善根)은 '선한 결과를 낳는 선한 원인'을 가리키는 불교 용어인데, '인과응보(因果應報)'나 '팔 심은데 팥 나고, 콩 심은데 콩 난다.'는 한국 속담과도 상통한다고 볼 수 있겠다. 즉 선한 결과를 낳기 위해서는 반드시 선한 원인을 심는다는 개념인데, 불교에서는 탐하지 않는 '무탐(無貪)'과 분노하지 않는 '무진(無瞋)', 어리석지 않는 '무치(無癡)'가 있다. 이를 역으로 말하면, '탐함(貪)', '분노함(瞋)', '미련하고 우둔함(癡)'을 불교에서는 '삼독(三毒)'이라 명명하고 있는데, 균여는 중생들이 이런 삼독의 굴레에서 벗어나 현실적으로 불국토의 실현과 궁극적으로는 해탈의 기반을 위해 대중의 선근을 기르기 위한 가르침을 노래를 통해 실현하려 했다고 볼 수 있다. 그러므로 「보현십원가」 서문에서 노래를 통해 전형적인 대승불교의 보살사상(菩薩思想), 즉 중생구제(衆生救濟)라는 이타행(利他行)의 실천을 확인할 수 있다.

「보현십원가」 서문에서 국악치유 설정을 위한 두 번째 단서는 대중의 선근(善根)을 유발하기 위해 다양한 음악 도구 중에서도 '노래'를 활용했다는 점이다. 당시 사람들이 유희와 즐거움을 발현하였던 '사뇌(詞腦)'는 승려, 귀족, 평민들이 우리말로 부르는 대중적이고 보편적이며, 자연스럽고, 자유로운 감정을 표현할 수 있는 음악 도구였다. 균여는 석가여래의 가르침을 이해하고 실천하는 보살수행의 힘들고 괴로움을 대중에게 요구할 수 없다. 그래서 대승적 관점에서 가장 자연스럽고 파급력이 큰 대중적 노래를 선택하여 대중의 변화를 시도했다고 볼 수 있다. 결과적으로 보현이 설파한 번뇌와 고통의 바다에서 중생들을 건져내고, 깨달음의 경지에 이르게 하며, 아미타불의 극락세계에서 태어나게 하려는 근원적 목적과 유희를 지닌 대중적인 노래를 통해 달성하고자 했다는 것을 발견할 수 있다.

「보현십원가」 서문에서 불교음악치유 설정을 위한 세 번째 단서는 당시 대중적 노래를 치유의 도구로 사용하려는 이유와 대중에게 어떤 음악적 행위로 접근할 것인가 하는 방법이 자세히 언급되어 있다는 점이다. 치유의 관점에서 노래를 도구로 사용한 이유와 그 접근방법을 면밀히 살펴봐야 하는 이유는 대중을 향한 국악치유의 접근법을 설정하는 데 중요한 단서가 되기 때문이다. 우선 균여가 대중적인 노래를 도구로 선택한 기본적 이유는 즐거움 때문이지만, 왜 즐겁고 재미있는 도구여야 하는지 그 근본적 이유가 접근방법과 맞물려 설명되어 있다.

균여는 대승적 해탈이라는 궁극적 목표를 이루려고 한다. 그러나 그 지점은 대중의 관점에서 보면 너무 깊고 멀다. 대중들은 얕고 가까운 곳, 즉 알기 쉽고, 접근하기 쉬운 지점에서 출발할 수밖에 없다. 사람과 사람이 살아가는 일상과 사회 속에서 질서와 약속을 익히고, 개인의 양심과 같은 도덕적 개념 등을 통해 선악을 구별할 줄 아는 지혜를 배우고, 나아가 일상의 삶 속에서 지혜의 원리를 스스로 경험함으로써 궁극적 깨달음에 가까이 이를 수 있는 것이다.

균여는 석가여래의 가르침과 궁극적 깨달음에 이르는 길은 대중이 부대끼며 사는 삶 속에서 알기 쉽고 가까운 일에 의탁하여 즐겁게 이루어져야 한다고 생각했다. 그래서 대중적인 노래를 선택한 것이다. 왜냐하면 노래라는 것은 대중들의 감정이 가장 자연스럽고, 자유스러우며, 쉽게 접근할 수 있는 표현 수단이기 때문이다. 이런 관점에서 균여는 자신의 선택이 석가여래의 마음에도 부합한다는 확신을 가지고 열한 개 서원의 노래를 만들어

보급하기에 이르렀다.

自古易蘇東坡
游趙孟頫等諸大家皆有
題詠祖慧理開山道朗亦
留勝事是以天竺古剎東
南名藍藉之以聲播遐邇
世紀更新神州煥彩百業
騰飛叢林昌盛時逢政府
支持佛協引領本寺方丈

一九八三年十餘春秋
擾落游資沒經十
倚建下寺古剎寺火
重續萬竹參簪曾陰
峻然空谷惟聞泉聲天
乃勝境也晨鐘暮鼓響
遠空高僧徒侶相聚梵
講寺真佛國也千載以
此名山淨域素為僧徒
行嚮往之地

3.

# 인간관계의 회복을 노래하다 : <수희공덕가>, <항순중생가>, <보개회향가>

## 인간관계 회복을 위한 「보현십원가」 세 개의 노래

「보현십원가」의 열한 개 서원의 노래는 제목을 보아서도 그 성격을 파악할 수 있다. 참고로 열 한개 노래를 표에서 제목과 핵심 내용을 소개해 보았다.

### 「보현십원가」의 제목과 핵심내용

| | 노래 제목 | 핵심내용 |
|---|---|---|
| 첫째 수 | 모든 부처에게 예(禮)와 공경을 다하는 노래(禮敬諸佛歌) | 깊은 신심(信心)을 일으켜 법계에 차신 부처님께 구세(九世)가 다할 때까지 예경하기를 서원한다 |
| 둘째 수 | 여래부처의 공덕을 끊임없이 찬미하는 노래(稱讚如來歌) | 무진변재(無盡辯才)의 바다가 일념(一念)안에 솟아나고 부처님의 덕해(德海)를 끊임없이 찬탄하기를 서원한다 |

| 셋째 수 | 넓게 공양의 공덕을 닦는 노래(廣修供養歌) | 법계에 차신 부처님께 최고로 수승한 법공양으로 공양하기를 서원한다. |
|---|---|---|
| 넷째 수 | 업보(業報)를 참회하는 노래(懺悔業障歌) | 보리 향한 길이 미혹하여 지어온 삼업(三業)을 정계(淨戒)의 주인으로 지녀 중생계가 다할 때까지 참회하기를 서원한다 |
| 다섯째 수 | 타인의 공덕을 따르며 기뻐하는 노래(隨喜功德歌) | 부처님과 중생,나와 남이 다른 것이 없으므로 모든 선(善)을 따리 기뻐하기를 서원한다 |
| 여섯째 수 | 교법(敎法)이 널리 퍼지기를 청하는 노래(請轉法輪歌) | 법계의 불회(佛會)에 나가 법우(法雨)를 내려주시기를 청하여 중생들의 밭이 적셔지기를 서원한다 |
| 일곱째 수 | 부처가 이 세상에 항상 머물러 주기를 청하는 노래(請佛住世歌) | 모든 부처님이 세상에 머무셔서 우리의 마음 맑혀 응해주시기를 서원한다 |
| 여덟째 수 | 항상 부처님을 따라 배우기를 원하는 노래(常隨佛學歌) | 부처님께서 닦으신 난행고행(難行苦行)의 원을 모두 따라 배워 불도를 향한 마음으로 가겠다고 서원한다 |
| 아홉째 수 | 항상 중생의 뜻을 따르는 노래(恒順衆生歌) | 부처님이 대비의 물로 적셔주시듯, 나도 중생과 동생동사(同生同死)하여 념념상속무간단(念念相續無間斷)으로 공경하겠다고 서원한다 |
| 열째 수 | 닦는 모든 선업(善業)을 중생에게 돌리는 노래(普皆廻向歌) | 내가 닦은 모든 선(善)을 미혹한 중생에게 돌려 부처의 바다 이루기를 서원한다 |
| 열한째 수 | 이 모든 것을 통틀어 그치지 않고 정진하는 노래(總結無盡歌) | 중생계가 다할 때까지 다른 일은 버리고 보현행원만을 행하겠다고 서원한다 |

균여의 11개 노래는 『화엄경』 40권본 보현 사상에서 기원한다. 즉 '내가 부처를 믿고, 타인을 구원한다'는 개념이다. 자신이 불성(佛性)을 가지고 깨달음을 얻는 데에 그

치지 않고, 대승적으로 타인을 구원하는 실천이 수반되어야 하므로 자신은 석가여래를 향해 있으면서도 항상 대중을 향해 있어야 한다. 나와 남, 부처가 일체가 되는 이상적 세계의 실현이 균여의 「보현십원가」가 창작된 배경이며, 곧 대중의 감정치유를 위한 대승적 노래가 된다. 위 표에서도 알수 있듯이 「보현십원가」 11개의 노래는 부처를 예경(禮敬)하고, 공덕을 찬양하며, 나의 믿음을 드러내고 다짐하면서 나와 부처와의 관계, 나와 타인과의 관계에 대해 부르는 노래이다.

이 가운데 국악치유의 목표설정을 '인간관계의 회복'이라는 측면에서 살펴보는 것이기에 노래 안에서 균여의 인간에 대한 이해와 그에 따른 내용을 살펴보는 것이 우선이다. 그래서 열한 개의 노래 중 다섯 번째 노래인 〈수희공덕가(隨喜功德歌)〉, 아홉 번째 노래 〈항순중생가(恒順衆生歌)〉, 열 번째 노래 〈보개회향가(普皆廻向歌)〉를 정해 보았다. 이 노래에는 타인 혹은 대중, 혹은 중생과의 관계를 제시한 메시지가 강하기 때문인데, 인간관계의 회복이라는 측면에서 유의미한 메시지가 되리라 여겨진다.

## <타인의 공덕을 따르며 기뻐하는 노래(수희공덕가)>

미오동체(迷悟同體)의
연기(緣起)의 이(理)에서 찾아보면
불(佛)과 중생(衆生) 두루
나의 몸 아닌 남 있으리
닦으심은 모두 나의 닦을 것인데
얻으신 이마다 남이 없으니
어느 사람의 선(善)들이야
아니 기뻐함을 두겠는가?
아아! 이렇게 여겨 간다면
질투(嫉妬)의 마음 일으켜 올까?

'타인의 공덕을 따르며 기뻐하는 노래 수희공덕가(隨喜功德歌)'는 남이 선하고 좋은 일을 행하고 좋은 결과가 이루어졌을 때, 나의 일처럼 기뻐하고 그의 능력을 인정해 주며, 행한 바를 잘 따르는 수용적 태도가 용해된 노래이다. 이 노래는 부처와 중생, 나와 남이 다르지 않으므로 모든 선함을 따라서 기뻐하기를 서원한다.

'미혹과 깨달음', '부처와 중생', '나와 남', '얻으신 이마다 남이 없다'라는 표현은 한 몸, 즉 동체(同體)를 강조하고 있어 미(迷), 오(悟), 불(佛), 중생(衆生), 자(自), 타(他)는 이분법적인 개념이지만 대상이 아닌 분별하지 않는 마음으로 그 공덕을 따라 기뻐할 때 보현행원이 완성된다는 것을 표현하였다. 이와 같은 마음으로 행동하고 살아간다면 장애가 되는 질투심은 일어나지 않게 된다.

징관(澄觀, 738-839)이라는 학자는 『보현행원품별행소(普賢行願品別行疏)』에서 다른 사람의 선함을 기뻐하는 행위는 스스로를 기쁘게 하여 질투의 장애를 없애고, 평등의 선(善)을 일으키기 때문에 '따라서 기뻐하는 것(隨喜)'을 강조하고 있다. 또 따르고 기뻐함으로 평등하고 광대함이 생겨 불법을 듣는 것을 감당할 수 있다고 하였다.

불교음악 치유가 일반적인 국악치유와 차별화되는 것은 인간관계의 회복이라는 관점에서 남(중생 or 대중) = 나 = 부처의 관계를 이해하는 것이다. 〈수희공덕가〉에서 노래하는 인간관계의 회복은 남을 치유하는 것이 곧 나를 치유하는 것이며, 나의 치유가 곧 타인의 치유이고 부처이다. 균여가 남과 나, 부처가 동체(同體)라고 하는 근거는 연기(緣起)의 이치에서 찾아볼 수 있다. 홀로인 나, 독립된 타인은 있을 수 없고, 내가 있어 타인이 있으며, 타인을 통해 나의 존재를 인식하는 것이고 이것은 곧 부처의 깨달음인 것이다.

균여의 〈수희공덕가〉에서는 타인의 선함에 대해 기뻐해 주는 감정 상태에 머물지 않고, 그의 선함을 따르는 실천적 행위에까지 이를 때, 질투하는 마음은 저절로 일어나지 않는다는 것을 노래한다. 그러므로 인간관계 회복이라는 불교음악치유의 목표설정은 몇 가지의 과정으로 설명되어 질 수 있다. 첫째, 타인의 선함을 찾는 것이고, 두 번째는 그 선함을 진심으로 기뻐해주는 것이며, 세 번째는 타인의 선한 행위를 함께 실천하는 과정이다. 이러한 설정은 불교음악 치유에서 인간관계 회복을 위한 목표를 달성하기 위해 음악의 구체적 행위나 음악적 특징을 활용할 수 있는 근거로 삼을 수 있게 된다.

**<항상 중생의 뜻을 따르는 노래(항순중생가)> 각수왕(覺樹王)은**

미(迷)한 중생을 뿌리 삼으신 이라
대비(大悲)의 물로 적시어
아니 시들게 할 것이다
법계 가득 구물구물
하는 나도 동생동사(同生同死)
념념(念念)히 서로 이어져 간단(間斷)없이
부처님 하듯이 공경하오리다
아아! 중생이 편안하면
부처님 모두 기뻐하시리

〈항순중생가〉는『화엄경』〈항순중생원〉을 바탕으로 만든 노래이다. '비유하면 광야의 모래언덕에 큰 나무가 있어 만약 뿌리가 물을 얻게 되면 가지와 잎과 꽃과 열매가 모두 번성하고 무성한 것과 같아서 생사 광야의 보리수왕도 또한 다시 이와 같아서 일체중생으로 하여금 나무뿌리를 삼고 제불보살(諸佛菩薩)로 하여금 꽃과 열매를 삼으니 대비(大悲)의 물로써 중생을 요익(饒益)하면, 곧 제불보살의 지혜의 꽃과 열매를 성취할 수 있느니라.'는 내용을 바탕으로 만들어진 노래이다.

『보현행원품별행소』를 쓴 징관은 〈항순중생원〉에서의 '광야'는 삶과 죽음이 완전히 끊어져 의지할 데가 없는 곳이고, '보리수왕'은 불보리법이라 하였다. 가지와 잎은 지혜와 선정(禪定)이며, 꽃은 보살의 스승(依學)이고, 열매는 제불(諸佛)이 깨달아 얻는 것(證得)을 말한다. 『보현행원품별행소』에서 알 수 있듯이 〈항순중생가〉에서의 각수왕은 불보리법이며, 미혹한 중생인 뿌리를 큰 자비(大悲)의 물로 적시면 꽃과 열매가 번성하여 부처의 깨달음의 경지에 이르게 된다. 더불어 5행의 '법계 가득 구물구물'은 중생들의 모습이며, 6행은 중생과 내가 동체대비(同體大悲)가 되는 것이다. 7행~10행은 위와 같이 부처를 대하듯 항상 중생을 따라서 중생이 편안하면 부처도 같이 기뻐하므로 동체대비의 의미가 명확한 노래라고 볼 수 있다. 그러므로 항상 중생을 근본으로 삼고, 중생을 큰 자비로 제도해온 부처와 같이, 중생과 동생동사(同生同死)하는 마음으로 항상 중생을 공경하고 편안하게 하여 부처님을 기쁘게 해드리겠다는 다짐을 노래했다고 볼 수 있다.

〈항순중생가〉에는 인간관계 회복이라는 불교음악 치유의 목표가 일반적인 음악치유의 가치관과 다른점이 있다. 즉 부처에 대한 믿음(信心)이 바탕 되어야 한다는 점이다. 부처가 대중을 대자대비(大慈大悲)의 대상으로 여기고, 더불어 승려 균여는 대중을 삶과 죽음을 함께하는 대상으로 여김으로써 타인의 평안이 자신의 평안과 기쁨이 되는 동체의식에서 출발하고 그 과정이 이루어진다는 점이다. 부처, 남과 내가 념념(念念)히 서로 이어져 거리도 없고 단절도 없는(間斷) 관계망을 이루고 있기에, 불교음악치유에서 인간관계의 회복을 위해서는 항상 타인의 감정을 살피고, 말하는 바를 경청하고, 하려는 의지를 북돋워주고 따라주면서 그 감정이 너그러워(饒益)지도록 치유의 방법과 내용을 설정해야 한다.

**<닦는 모든 선업(善業)을 중생에게 돌리는 노래(보개회향가)>**

모든 나의 닦은
일체 선(善)을 모두 돌리어
중생의 바다 안에
미혹한 무리 없도록 깨닫게 하고자
부처의 바다를 이룬 날은
참회하던 악업(惡業)도
법성(法性) 집의 보배라
예로부터 그러하였도다
아아! 예경하는 부처님도
내 몸 대신 남 있으리

〈보개회향가(普皆廻向歌)〉는 보현보살의 〈보개회향원〉 제1원 예경(禮敬)에서부터 제9원 수순(隨順)에 이르기까지 지은 모든 공덕을 대중들에게 회향(廻向)하고자 한다. 더불어 자비로 대중을 제도하여 그들로 하여금 해탈을 얻게 하고, 마침내 무상보리를 성취할 수 있도록 간절히 서원하는 노래이다. 앞의 아홉 종의 대원(大願)에 의해 지은 공덕을 모두 대중에게 회향하여, 대중들로 하여금 불도에 정진할 수 있도록 하겠다는 선근회향(善根廻向)의 발원을 노래했다고 볼 수 있다. 대중이 성불하여 부처의 바다를 이루게 되면, 대중과 부처가 한 몸을 이루는 불경을 노래한 내용이기도 하다.

특히 〈보개회향가〉에서는 갈팡질팡하고, 불안해하는 타인의 감정과 몸 상태를 보살정신을 펼치는 나의 선함으로 타인에게 아낌없이 베푼다. 또 타인이 안정되고 건강하도록 하는 것은 곧 부처를 예경하는 것이자, 부처가 대중을 예경하는 무이(無二)의 관계임을 노래하였다. 그러므로 〈보개회향가〉에서 인간관계의 회복을 위한 불교음악치유론 설정은 타인에 대한 종합적인 이해를 필요로 한다는 점이다.

마침글

# 사람을 귀하게 여기는 마음으로 가는 길

균여는 불교음악치유론 설정을 위한 몇 가지 단서를 「보현십원가」에서 제공했다. 하나는 선한 마음과 행동이 선한 결과를 낳는다는 논리를 음악을 통해 알리는 것이다. 즉 선근(善根)을 유발하기 위한 음악의 활용이다. 두 번째는 '노래'라는 대중적 음악도구를 통해 가장 자연스럽고, 쉬우며 자유로운 감정을 표현하도록 접근했으며, 세 번째는 대중에게 어려운 불교의 교리를 알기 쉽고 접근하기 쉬운 지점에서 시작하기 위해 노래를 활용했다는 점이다.

「보현십원가」에서 〈수희공덕가〉, 〈항순중생가〉, 〈보개회향가〉는 인간관계 회복이라는 불교음악치유의 근거를 제공하면서 나아가 국악치유 방법의 이론적 체계를 세우는 데에도 적용할 수 있는 범위가 된다. 인간관계 회복의 근저에는 타인을 나와 동일한 존재로 여기며, 수용하고 따르는 귀한 대상으로 여긴다는 점에서 국악치유의 가치와 접근방법이 시작된다.

특히 〈보개회향가〉는 타인에 대한 종합적 이해를 필요로 한다. 국악치유를 위해서는 타인의 몸과 마음, 환경, 상황 등 다각적 이해를 위한 정보를 수집하고, 타인의 장점을 말과 행동으로 칭찬하고 기뻐해 주며, 건강한 삶을 살 수 있도록 격려와 의지를 북돋워 주는 국악치유 목표를 설정해야 한다는 점이다. 다양하고 복잡한 감정과 몸의 상태에 맞는 음악적 요소와 활동 등 다양한 프로그램을 설정해야 할 필요성을 제시하였다.

# 참고문헌



【원전】

『均如傳』
『華嚴經』. 卷40.「普賢行願品」
孔穎達,『禮記正義』
王夫之,『禮記章句』
傳統醫學研究所,『東洋醫學大辭典』. 서울: 成輔社, 2000, 1746쪽
鄭玄,『禮記注』
陳澔,『禮記集說』
『論語』
『동양의 지혜 8:『書經』. 고려원. 1996
『書經』,「堯典」
『書經』,「堯典」
『書經』,「周書」
『說文解字』
『成宗實錄』
『詩經』,「小雅」
『禮記』,「樂記」
『禮記』,「樂記」
『禮記』,「樂記」
『禮記』,「樂記」
『中庸』
『春秋左氏傳』
『한국민족문화대백과사전』
『漢韓大辭典』. 단국대학교부설동양학연구소, 2000
『漢韓大字典』(民衆書林, 1999)
『皇帝內經素問』

【단행본 및 논문】


강신주. 『회남자와 황제내경』. 파주: 김영사, 2007

金賢濟. 『東洋醫學槪要』. 서울: 東洋醫學硏究所, 1977

김기종. 「<普賢十願歌>의 구조와 주제의식」,『古典文學硏究』第44輯, 한국고전문학회, 2013

김승룡 편역주. 『樂記集釋』. 화성: 청계, 2002

박정련. 『(동양사상을 기반한) 국악치유와 풍류도음악』, 민속원, 2020

박정련. 「국악치유론 기반을 위한 동양학적 이론 근거 모색 : 『황제내경』과 『예기』「악기」에 나타난 '오행감정'을 중심으로」,『國樂院論文集』26집, 국립국악원, 2012

박정련. 「고대 유가의 악론에서 감정조절을 위한 음악치유론의 가능성 모색 : 『禮記』「樂記」의 聲 · 音 · 樂을 중심으로」, 『陽明學』(서울: 한국양명학회, 2012), 제31호

朴贊國. 『黃帝內經素問注釋』. 서울: 경희대학교출판국, 1998

염정삼. 『설문해자주』. 서울: 서울대학교출판문화원, 2010

尹在根. 『樂論』. 서울: 나들목, 2007

이건식. 「균여 향가 청전법륜가의 내용 이해와 어학적 해독」,『口訣硏究』28집, 구결학회. 2012

李慶雨. 『黃帝內經靈樞1』. 서울: 여강출판사, 2000

이승재, 정승현, 이원철. 『동의신경정신과학회지』, 군포: 대한한방신경정신과학회, 1996, 제7권, 제1호

이승현. 「음양오행에 의한 오행음악의 분류」, 『한방음악치료학』. 서울: 군자출판사, 2008

이승현. 『한방음악치료학』. 서울: 군자출판사, 2008

이승현, 백상용. 「生命律動과 聲音의 관계에 대한 硏究」, 『한국한의학연구원논문집』(서울: 한국한의학연구원, 2002), 제8권/제1호/통권 제8호

임윤경. 「균여의 보현행원 연구」, 동국대박사학위논문, 2019

전국한의과대학생리학교수편저. 『東醫生理學』. 서울: 集文堂, 2010
傳統醫學硏究所. 『東洋醫學大辭典』. 서울: 成輔社, 2000
정현주. 「음악치료의 주요 철학과 접근」, 『음악치료기법과 모델』(서울: 학지사, 2006)
정현주. 『음악치료학의 이해와 적용』, 서울: 이화여자대학교출판부, 2005
조남권, 김종수. 『譯註樂記』. 서울: 민속원, 2000
조영주. 「균여의 보현십종원왕가의 문학치료학적 해석」,『겨레어문학』,제48집, 겨레어문학회, 2012
최래옥. 「균여의 <보원십원가> 연구」. 『국어교육』 29권, 한국국어교육연구회, 1976

Collectio Humanitatis pro Sanatione IV

# 감정조율을 위한 소리 이야기

**초 판 1쇄** 2024년 09월 25일

**지은이** 박정련
**펴낸이** 류종렬

**펴낸곳** 미다스북스
**본부장** 임종익
**편집장** 이다경, 김가영
**디자인** 윤가희, 임인영
**책임진행** 안채원, 이예나, 김요섭
**표지 일러스트** 이철진 〈춘심이〉
**저자 일러스트** 신노을
**책임편집** 김남희, 이지수, 류재민, 배규리, 최금자

**등록** 2001년 3월 21일 제2001-000040호
**주소** 서울시 마포구 양화로 133 서교타워 711호
**전화** 02) 322-7802~3
**팩스** 02) 6007-1845
**블로그** http://blog.naver.com/midasbooks
**전자주소** midasbooks@hanmail.net
**페이스북** https://www.facebook.com/midasbooks425
**인스타그램** https://www.instagram.com/midasbooks



ISBN 979-11-6910-804-1 03100

값 17,000원

※ 이 컬렉션의 발간을 위해 도움 주신 (주)오픈헬스케어에 감사를 드립니다.


미다스북스는 다음세대에게 필요한 지혜와 교양을 생각합니다.